SÍNTESIS

DEL CATECISMO DE LA IGLESIA CATÓLICA

En forma dialogada

Compadres:

Esperamos que este pequeño libro les sirva para la formación cristiana de su Familia.

Con cariño y Bendiciones de la Familia Hernández Rodríguez

OBRA NACIONAL DE LA BUENA PRENSA, A.C.
CIUDAD DE MÉXICO

SÍNTESIS DEL
CATECISMO DE LA IGLESIA CATÓLICA

Primera edición, diciembre de 1993
Octava edición, febrero de 2003

Hecho en México
ISBN 968-6056-77-7
Con las debidas licencias

Derechos © reservados a favor de

OBRA NACIONAL DE LA BUENA PRENSA, A.C.
Apartado M-2181. 06000 México, D.F.
Orozco y Berra 180. Sta. María la Ribera.
Tel. 5546 4500. Fax 5535 5589
ventas@buenaprensa.com
www.buenaprensa.com
Sucursales:
• San Cosme No. 5. Col. Sta. Ma. la Ribera
06400 México, D.F.
Tels. 5592-6928 y 5592-6948
• **Librería Miguel Agustín Pro, S.J.**
Orizaba 39 bis. Col. Roma.
06700 México, D.F. Tels. 5207 7407 y 5207 8062
• **Librería Loyola**
Congreso 8. Tlalpan. 14000 México, D.F.
Tels. 5513 6387 y 5513 6388
• **Librería San Ignacio**
Donceles 105-D. Centro. 06020 México, D.F.
Tels. 57 02 18 18 y 57 02 16 48.
• **Librería San Ignacio**
Rayón 720 Sur, entre Padre Mier y Matamoros,
Monterrey, N.L.
Tels. 83 43 11 12 y 83 43 11 21.
• **Librería San Ignacio**
Madero y Pavo, Sector Juárez, Guadalajara Jal.
Tels. 36 58 11 70 y 36 58 09 36

Se terminó de imprimir esta 8a. edición el día 5 de febrero de 2003, festividad
de san Felipe de Jesús, en los talleres de Offset Santiago, S.A. DE C.V. Río San
Joaquín 436. Col. Ampliación Granada. 11520 México, D.F. Tels. 5531-7860

PRESENTACIÓN

El texto definitivo del Catecismo de la Iglesia Católica, conforme al texto latino oficial, es un gran don de Dios a la Iglesia y a la humanidad. Sin embargo su rico tesoro doctrinal no es, quizás, inmediato y fácilmente asequible a todos, debido a la amplitud de la exposición. Por lo mismo pareció útil y oportuno presentar el contenido del Catecismo de manera sintética bajo la forma tradicional de preguntas y respuestas (como si fuera una entrevista hecha al Magisterio de la Iglesia).

El orden de la exposición es el mismo que el del Catecismo, con idéntica división en partes, secciones y capítulos. El contenido es rigurosamente fiel, hasta la misma expresión verbal, salvo alguna ligera adaptación. Hemos aprovechado, sobre todo, las fórmulas sintéticas que ya contiene el texto.

Los números entre corchetes, remiten a otros pasajes de esta misma "síntesis", relacionados por la materia que tratan. Los números al margen, y sin paréntesis, remiten al Catecismo de la Iglesia Católica, conforme al texto latino oficial, donde se expone la doctrina.

Presentamos esta obra a aquellos que buscan tener un primer conocimiento de la fe y de la moral cristianas, y a todos los que desean tener a la mano un claro resumen del Catecismo de la Iglesia Católica.

El Editor

PRÓLOGO

"Padre, esta es la vida eterna: que te conozcan a ti, el único Dios verdadero y a tu enviado Jesucristo" (Jn 17, 3). "Dios, nuestro salvador… quiere que todos los hombres se salven y lleguen al conocimiento pleno de la verdad" (1 Tim 2, 3-4). "No hay bajo el cielo otro nombre dado a los hombres por el que nosotros debamos salvarnos" (Hech 4, 12), sino el nombre de JESÚS.

LA VIDA DEL HOMBRE: CONOCER Y AMAR A DIOS

Dios, infinitamente perfecto y bienaventurado en sí mismo, en un designio de pura bondad ha creado libremente al hombre para hacerlo partícipe de su vida bienaventurada. Por eso, en todo tiempo y en todo lugar, se hace cercano al hombre: lo llama y lo ayuda a buscarlo, a conocerlo y a amarlo con todas sus fuerzas. Convoca a todos los hombres, que el pecado dispersó, a la unidad de su familia, la Iglesia. Para lograrlo, llegada la plenitud de los tiempos, envió a su Hijo como Redentor y Salvador. En Él y por Él, llama a los hombres a ser, en el Espíritu Santo, sus hijos de adopción, y, por lo tanto, los herederos de su vida bienaventurada (Catecismo de la Iglesia Católica, n. 1).

Índice general

PRIMERA PARTE
LA PROFESIÓN DE LA FE

PRIMERA SECCIÓN
Creo, creemos

SEGUNDA SECCIÓN
La profesión de la fe cristiana

SEGUNDA PARTE
LA CELEBRACIÓN DEL MISTERIO CRISTIANO

PRIMERA SECCIÓN
La economía* sacramenta

SEGUNDA SECCIÓN
Los siete sacramentos de la Iglesia

Capítulo primero
LOS SACRAMENTOS DE LA INICIACIÓN CRISTIANA

Capítulo segundo
LOS SACRAMENTOS DE CURACIÓN

Capítulo tercero
LOS SACRAMENTOS AL SERVICIO DE LA COMUNIDAD

Capítulo cuarto
OTRAS CELEBRACIONES LITÚRGICAS

TERCERA PARTE
LA VIDA EN CRISTO

PRIMERA SECCIÓN
La vocación del hombre: la vida en el Espíritu

Capítulo primero
LA DIGNIDAD DE LA PERSONA HUMANA

CUARTA PARTE
LA ORACIÓN CRISTIANA

PRIMERA PARTE

LA PROFESIÓN DE LA FE

Creo, creemos

Capítulo primero

El hombre es "capaz" de Dios

1. *¿Por qué debemos hablar de Dios?*

44
45 Debemos hablar de Dios porque por naturaleza y vocación el hombre es un ser religioso. Viene de Dios y a Él retorna.

El hombre está hecho para vivir en unión con Dios, en quien encuentra su dicha. [214, 384]

2. *¿Puede el hombre, con su razón, conocer a Dios?*

46 El hombre puede conocer a Dios cuando escucha el mensaje de las criaturas y la voz de su conciencia.

Entonces puede alcanzar la certeza de la existencia de Dios, como causa y fin de todo.

3. *¿Cómo podemos hablar de Dios?*

48 Podemos hablar de Dios partiendo de las muchas perfecciones de las criaturas, semejanzas de Dios infinitamente perfecto.

Nuestro lenguaje limitado no agota su misterio.

Capítulo segundo

Dios viene al encuentro del hombre

4. *¿Ha hablado Dios al hombre?*

Sí, Dios ha hablado y se ha revelado al hombre, y así se ha entregado al hombre por amor. 68

De ese modo Dios da una respuesta definitiva y abundante a las cuestiones que el hombre se plantea sobre el sentido y la finalidad de su vida.

5. *¿Cuándo ha hablado Dios al hombre?*

Dios ha hablado al hombre cuando se manifestó a nuestros primeros padres. Después de la caída, les prometió la salvación y les ofreció su Alianza. Después se ha revelado plenamente enviando a su propio Hijo: Jesucristo. [40 ss.] 70
73

6. *¿Dónde se nos revela Dios?*

Dios se nos revela en la Sagrada Escritura y en la Tradición.

7. ¿Qué es la Sagrada Escritura?

La Sagrada Escritura es el conjunto de libros sagrados, inspirados por Dios y aceptados por la Iglesia. Comprende los 46 libros del Antiguo Testamento y los 27 del Nuevo Testamento.

8.   *¿Quién es el autor principal de la Sagrada Escritura?*

105
106   El autor principal de la Sagrada Escritura es Dios, en cuanto fue escrita por inspiración del Espíritu Santo.

Dios se valió de los autores humanos de los libros sagrados para que obrando en ellos y por ellos, pusieran por escrito, como verdaderos autores, todo y sólo lo que Dios quería.

9.   *¿Qué es la Tradición?*

76
78   La Tradición es la transmisión viva del Evangelio, de generación en generación, en cuanto distinta a la transmisión por medio de la Sagrada Escritura.

10.   *¿Quién puede interpretar auténticamente la Palabra de Dios contenida en la Biblia o en la Tradición?*

100   El que puede interpretar auténticamente la Palabra de Dios es el Magisterio de la Iglesia, es decir, el Papa y los obispos en comunión con él.

Capítulo tercero

La respuesta del hombre a Dios

11.   *¿Cómo responde el hombre al llamado de Dios?*

El hombre responde al llamado de Dios especialmente por la fe.

12.   *¿Qué es la fe?*

La fe es la adhesión plena de la inteligencia, de la voluntad y de toda la persona a Dios que se revela.   176

13.   *¿Es necesaria la fe para salvarse?*

La fe es necesaria para la salvación.   183
"El que crea y sea bautizado, se salvará; el que no crea se condenará" (Mc 16,16).

14.   *¿Existen algunas formulaciones de las principales verdades que debemos creer?*

Existen varias formulaciones de las verdades de la fe. Una de las más breves y más antiguas se llama "Símbolo de los Apóstoles".   186
    192

Creo en Dios,
Padre Todopoderoso,
Creador del cielo y de la tierra.

Creo en Jesucristo, su único Hijo,
Nuestro Señor,
que fue concebido por obra y gracia del
Espíritu Santo,
nació de Santa María Virgen,
padeció bajo el poder de Poncio Pilato,
fue crucificado, muerto y sepultado,
descendió a los infiernos,
al tercer día
resucitó de entre los muertos,
subió a los cielos
y está sentado a la derecha de Dios,
Padre todopoderoso.
Desde allí ha de venir a juzgar
a vivos y muertos.

Creo en el Espíritu Santo,
la santa Iglesia católica,
la comunión de los santos,
el perdón de los pecados,
la resurrección de la carne
y la vida eterna.
Amén.

La profesión de la fe cristiana

Capítulo primero

Dios Padre

"Creo en Dios, Padre todopoderoso, creador del cielo y de la tierra"

15. *¿Cómo se ha revelado Dios?*

Dios se ha revelado como EL QUE ES y se ha dado a conocer como Verdad y Amor. 231

16. *¿Cuál es el misterio central de nuestra fe?*

El misterio central de la fe y de la vida cristiana es el misterio de la Santísima Trinidad. 261
Sólo Dios nos lo puede dar a conocer revelándose como Padre, Hijo y Espíritu Santo.

17. *¿Cómo conocemos este misterio?*

Conocemos este misterio de la Santísima Trinidad por las palabras de Cristo, por la Encarnación del Hijo de Dios y el envío del Espíritu Santo.

18.   *¿Cómo podemos sintetizar este misterio?*

266   Podemos sintetizar este misterio diciendo que hay un solo Dios verdadero y tres Personas distintas que son Dios, de igual gloria y majestad.

19.   *¿Tienen las tres personas actividades distintas?*

267   No, las tres personas divinas, inseparables en su ser, tienen la misma actividad.

Pero en la única operación divina cada una manifiesta lo que le es propio en la Trinidad, sobre todo en las misiones divinas de la Encarnación del Hijo y el don del Espíritu Santo.

20.   *¿Qué relación tenemos con la Santísima Trinidad?*

265   Por la gracia del Bautismo "en el nombre del Padre, y del Hijo, y del Espíritu Santo" (Mt 28, 19) estamos llamados a participar en la vida de la Trinidad ahora y en la vida eterna.

21.   *¿Qué significa que Dios es omnipotente?*

Que Dios es omnipotente significa que "nada es imposible para Dios" (Lc 1,37).

22.   *¿Sólo el Padre omnipotente es el Creador?*

316   No, lo es juntamente con el Hijo y el Espíritu Santo.

Aunque la obra de la Creación se atribuya particularmente al Padre, es igualmente verdad de fe que el Padre, el Hijo y el Espíritu Santo son el principio único e indivisible de la creación.

23. *¿Creó Dios el universo por necesidad o con ayuda de alguien?*

No. Dios creó el universo libremente y sin 317 ninguna ayuda.

24. *¿Qué significa crear?*

Crear significa dar el ser a lo que no lo 318 tenía en modo alguno, es decir, llamar a la existencia partiendo de la nada.

25. *¿Para que creó Dios al mundo?*

Dios creó al mundo para manifestar y co- 319 municar su gloria.

La gloria, para la que Dios creó a sus criaturas, consiste en que tengan parte en su verdad, su bondad y su belleza.

26. *¿Qué es la divina Providencia?*

La divina Providencia son las disposicio- 321 nes por las que Dios conduce con sabiduría y amor a todas las criaturas hasta su último fin.

27. *¿Por qué permite Dios el mal?*

El hecho de que Dios permita el mal físi- 324 co y el mal moral, es un misterio que Dios esclarece por su Hijo, Jesucristo, muerto y resucitado para vencer el mal.

La fe nos da la certeza de que Dios no permitiría el mal si no hiciera salir el bien del mismo mal, por caminos que nosotros sólo conoceremos plenamente en la vida eterna.

28. *¿Existe sólo el universo que vemos?*

No, existe también el mundo invisible de los ángeles y de las almas humanas separadas del cuerpo.

29. *¿Quiénes son los ángeles?*

350
351
Los ángeles son criaturas espirituales que glorifican a Dios sin cesar y que sirven a sus designios salvíficos con las otras criaturas.

Ellos rodean a Cristo, su Señor, y le sirven particularmente en el cumplimiento de su misión salvífica para con los hombres.

30. *¿De qué está formado el hombre?*

382
El hombre es un ser formado de cuerpo y alma que integran su unidad.

La doctrina de la fe afirma que el alma espiritual e inmortal es creada de forma inmediata por Dios.

31. *¿En qué estado creó Dios al hombre?*

384
La revelación nos da a conocer el estado de santidad y justicia originales del hombre y la mujer antes del pecado.

De su amistad con Dios nacía la felicidad de su existencia en el paraíso.

32. *¿Permaneció el hombre como había sido creado?*

No, el hombre perdió su condición privilegiada al cometer el pecado que se llama "pecado original".

33. *¿Fue el hombre la primera criatura que pecó?*

No, antes que el hombre pecaron algunos ángeles, que se convirtieron, así, en ángeles caídos o demonios.

34. *¿En qué consistió el pecado de los ángeles caídos?*

El pecado de los ángeles caídos consistió en haber rechazado libremente servir a Dios y sus designios.   414

Su opción contra Dios es definitiva. Intentan asociar al hombre en su rebelión contra Dios.

35. *¿En qué consistió el pecado del primer hombre?*

El pecado del primer hombre consistió en el abuso de su libertad, levantándose contra Dios e intentando alcanzar su propio fin al margen de Dios.   415

Constituido por Dios en la justicia, el hombre, sin embargo, persuadido por el Maligno, cometió el pecado original.

36. *¿Cuáles son las consecuencias del primer pecado?*

Las consecuencias del primer pecado son: Adán perdió la santidad y la justicia originales. Las había recibido no solamente para él, sino para todos los humanos.   416

37. ¿Tuvo el primer pecado consecuencias para los descendientes de Adán?

417   Sí, el primer pecado tuvo consecuencias para los descendientes de Adán y Eva. Ellos transmitieron a su descendencia la naturaleza humana herida por su primer pecado.

Privada por lo tanto de santidad y justicia originales. Esta privación se llama "pecado original".

38. ¿Qué efectos trae consigo el pecado original?

418   El pecado original trajo consigo estas consecuencias: la naturaleza humana quedó debilitada, sometida a la ignorancia, al sufrimiento y al dominio de la muerte, e inclinada al pecado.

Esta inclinación se llama "concupiscencia".

39. ¿Esta situación del hombre acaba con toda esperanza?

420   Esta situación del hombre no acaba con toda esperanza.

Porque Cristo nos ha dado bienes mejores de los que nos quitó el pecado: "Donde abundó el pecado, sobreabundó la gracia" (Rom 5,20).

Capítulo Segundo

Jesucristo

40. *¿Qué significa el nombre de "Jesús"?*

El nombre de Jesús significa "Dios salva". 452
El niño nacido de la Virgen María se llama "Jesús", "porque él
salvará a su pueblo de sus pecados" (Mt 1,21).

41. *¿Qué significa la palabra "Cristo"?*

Cristo significa "Ungido" ", Mesías". 453
Jesús es el Cristo porque "Dios lo ungió con el Espíritu Santo y
con poder" (Hech 10,38). Era "el que ha de venir" (Lc 7,19), el
objeto de "la esperanza de Israel" (Hech 28,20).

42. *¿Qué significa el nombre "Hijo de Dios"?*

El nombre de Hijo de Dios significa la re- 454
lación única y eterna de Jesucristo con Dios su
Padre: Él es el Hijo único del Padre y Él mis-
mo es Dios.
Para ser cristiano es necesario creer que Jesucristo es el único
Hijo de Dios.

43. *¿Qué significa el nombre de "Señor"?*

El nombre de Señor significa la sobera- 455
nía divina. Confesar o invocar a Jesús como
Señor es creer en su divinidad. "Nadie puede
decir: '¡Jesús es el Señor!', sino por influjo del
Espíritu Santo" (1 Cor 12,3).

JESUCRISTO "FUE CONCEBIDO
POR OBRA Y GRACIA DEL ESPÍRITU SANTO"
Y "NACIÓ DE SANTA MARÍA VIRGEN"

44. *Entonces, ¿Jesús no es un hombre como todos los demás?*

479   Jesús no es un hombre como todos los demás, porque es el Hijo unigénito del Padre.
La Palabra eterna se hizo carne: sin perder la naturaleza divina, asumió la naturaleza humana.
Él es verdaderamente el Hijo de Dios que se ha hecho hombre, nuestro hermano, y eso sin dejar de ser Dios, nuestro Señor.

45. *¿Jesús es verdadero Dios y verdadero hombre?*

480   Sí, Jesucristo es verdadero Dios y verdadero hombre en la unidad de su Persona Divina. Por esta razón es el único mediador entre Dios y los hombres.

46. *¿Se confunden en Jesús la naturaleza divina y la humana?*

481   No, Jesucristo posee dos naturalezas: la divina y la humana, no confundidas, sino unidas en la única Persona del Hijo de Dios.

47. *¿Jesucristo tiene también una inteligencia y una voluntad humanas?*

482   Sí, Jesucristo siendo verdadero Dios y verdadero hombre, tiene una inteligencia y una voluntad humanas.

Perfectamente de acuerdo y sometidas a su inteligencia y a su voluntad divinas que tiene en común con el Padre y el Espíritu Santo.

48.   *¿Qué es la Encarnación?*

La Encarnación es el misterio de la admirable unión de la naturaleza divina y la naturaleza humana en la única persona del Hijo de Dios.   483

49.   *¿Qué sabemos de la Madre de Jesús?*

Sabemos de la Madre de Jesús que es descendiente de Eva. Dios eligió a la Virgen para ser la Madre de su Hijo.   508

Ella, "llena de gracia", es "el fruto excelente de la redención"; desde el primer momento de su concepción, fue totalmente preservada de la mancha del pecado original y permaneció pura de todo pecado personal a lo largo de toda su vida.

50.   *¿Se puede decir que la Virgen María es verdaderamente "Madre de Dios"?*

María es verdaderamente "Madre de Dios", porque es la madre del Hijo eterno de Dios hecho hombre, que es Dios mismo.   509

51.   *¿María permaneció siempre Virgen?*

María permaneció "Virgen al concebir a su Hijo, Virgen durante el embarazo, Virgen en el parto, Virgen después del parto, siempre Virgen". Ella con todo su ser es "la esclava del Señor" (Lc 1,38).   510

52. *¿Quiénes son los hermanos de Jesús de quienes habla el Evangelio?*

Los hermanos de Jesús son sus parientes próximos, según expresión común en el Antiguo Testamento.

53. *¿Colaboró la Virgen en la obra redentora de su Hijo?*

511   La Virgen María colaboró con su fe y su obediencia libres a la salvación de los hombres. Ella pronunció su "fiat" ("hágase") en lugar de toda la naturaleza humana: Por su obediencia se convirtió en la nueva Eva, madre de los vivientes. [108]

54. *¿Qué interés tiene para nosotros la vida terrena de Jesús?*

561   La vida terrena de Jesús tiene un gran interés para nosotros porque fue una continua enseñanza. Su silencio, sus milagros, sus gestos, su oración, su amor hacia el hombre, su predilección por los pequeños y los pobres, su aceptación total del sacrificio en la cruz por la salvación del mundo, su resurrección, son la actuación de su palabra y el cumplimiento de la revelación.

562   **55.** *¿Qué deben hacer los discípulos de Jesús?*

Los discípulos de Jesús deben parecerse a él. Por eso somos integrados en los misterios de su vida: con él estamos identificados, muertos y resucitados hasta que reinemos con él.

56. *¿Por qué Jesús se dejó tentar por Satanás?*

Jesús se dejó tentar por Satanás, porque quiso ser semejante a nosotros en todo, incluso en la tentación, menos en el pecado. 566

Triunfa de Satanás mediante su total adhesión al designio de salvación querido por el Padre.

57. *¿Qué relación existe entre Cristo y el Reino de Dios?*

El Reino de Dios comenzó en la tierra por Cristo. Se manifiesta a los hombres en las palabras, en las obras y en la presencia de Cristo. La Iglesia es el germen y comienzo de este Reino. Sus llaves son confiadas a Pedro. 567

58. *¿Para qué se transfiguró Cristo?*

Cristo se transfiguró para fortalecer la fe de los Apóstoles antes de la Pasión. 568

La subida a un "monte alto" prepara la subida al Calvario. Cristo, cabeza de la Iglesia, manifiesta lo que su cuerpo contiene e irradia en los sacramentos: la "esperanza de la gloria". (Col 1,27)

59. *¿Aceptó Jesús voluntariamente su pasión?*

Jesús aceptó voluntariamente su pasión. 569

Sabía perfectamente que en Jerusalén moriría de muerte violenta a causa de la contradicción de los pecadores.

JESUCRISTO
"PADECIÓ BAJO EL PODER DE PONCIO PILATO,
FUE CRUCIFICADO, MUERTO Y SEPULTADO"

60. ¿Por qué encontró Jesús oposición entre algunos judíos?

594   Jesús encontró oposición entre algunos judíos porque realizó obras, como el perdón de los pecados, que lo revelaron como Dios Salvador.

Algunos judíos, que no lo reconocían como Dios hecho hombre, veían en él a "un hombre que se hace Dios" (Jn 10,33) y lo juzgaron como blasfemo.

61. ¿Qué quiere decir que Jesús murió por nuestros pecados?

620   Esto quiere decir que Jesús da su vida por la salvación de los hombres, como una iniciativa del amor de Dios hacia nosotros.

"Él nos amó y nos envió a su Hijo como propiciación por nuestros pecados" (1 Jn 4,10) "En Cristo estaba Dios reconciliando al mundo consigo" (2 Cor 5,19).

62. ¿Qué significado tiene la Última Cena?

621   La Última Cena es el momento en que Jesús se ofreció libremente por nuestra salvación.

Este don lo significa y lo realiza por anticipado durante la Última Cena: "Esto es mi Cuerpo, que va a ser entregado por ustedes" (Lc 22,19).

63. *¿En qué consiste la Redención de Cristo?*

La redención de Cristo consiste en que Él   622
"ha venido a dar su vida como rescate por todos" (Mt 20,28).

Es decir, "a amar a los suyos hasta el extremo" (Jn. 13,1) para
que ellos fueran "rescatados de la conducta necia heredada de
sus padres" (1 P 1,18).

64. *¿Por lo tanto Jesús ha expiado nuestros*
pecados?

Sí, por su obediencia amorosa a su Pa-   623
dre, "hasta la muerte de cruz" (Flp 2,8).

Jesús cumplió la misión expiatoria del Siervo doliente que "justifica a muchos cargando con las culpas de ellos" (Is 53,11).

65. *¿Permanecieron unidos a la divinidad el*
alma y el cuerpo de Cristo cuando éste
murió?

Durante el tiempo que Cristo permane-   630
ció en el sepulcro, su Persona divina continuó
asumiendo su alma y su cuerpo, separados, sin
embargo, entre sí por causa de la muerte.

Por eso el cuerpo de Cristo "no conoció la corrupción" (Hech
13,37).

JESUCRISTO "DESCENDIÓ A LOS INFIERNOS,
AL TERCER DÍA RESUCITÓ DE ENTRE LOS MUERTOS"

66. *¿Qué significa la expresión "descendió a*
los infiernos"?

La expresión "Jesús descendió a los in-   636
fiernos" significa que Jesús murió realmente y

que, por su muerte en favor nuestro, ha vencido a la muerte y al diablo, "Señor de la muerte" (Heb 2,14).

67. *¿La expresión anterior es sólo una manera de decir?*

637   No, la bajada a los infiernos significa que Cristo muerto verdaderamente, en su alma unida a su Persona divina, descendió a la morada de los muertos y abrió las puertas del cielo a los justos que lo habían precedido.

68. *¿Qué sucede después de la muerte de Jesús?*

Después de su muerte, Jesús resucita de entre los muertos.

69. *¿La Resurrección es un hecho históricamente atestiguado?*

656   Sí, la fe en la Resurrección tiene por objeto un acontecimiento a la vez históricamente atestiguado por los discípulos que se encontraron realmente con el Resucitado, y misteriosamente trascendente en cuanto entrada de la humanidad de Cristo en la gloria de Dios.

70. *¿Qué importancia tiene la tumba vacía?*

657   La tumba vacía y la sábana en el suelo significan, por sí mismas, que el cuerpo de Cristo ha escapado de la muerte para siempre por el poder de Dios.
Preparan a los discípulos para su encuentro con el Resucitado.

71. *¿La Resurrección de Cristo fue un simple retorno a la vida terrena?*

La resurrección de Cristo no fue un simple retorno a la vida terrena.   646

En su cuerpo resucitado Jesús pasó del estado de muerte a otra vida más allá del tiempo y del espacio. Su cuerpo es ahora un cuerpo glorioso.

72. *¿Tiene alguna importancia para nosotros la Resurrección de Cristo?*

Sí, Cristo es el principio de nuestra propia resurrección ya desde ahora, por la justificación de nuestra alma, más tarde por la vivificación de nuestro cuerpo.   658

JESUCRISTO "SUBIÓ A LOS CIELOS, Y ESTÁ SENTADO A LA DERECHA DE DIOS, PADRE TODOPODEROSO"

73. *¿Qué hizo Jesús después de su Resurrección?*

Después de su Resurrección se apareció a sus discípulos durante cuarenta días y después subió al cielo.

74. *¿Qué significa la Ascensión de Jesús?*

La Ascensión de Jesús significa la entrada definitiva de la humanidad de Jesús en el dominio celestial de Dios, de donde ha de volver.   665

75. *¿La Ascensión de Jesús al cielo tiene algo que ver con nosotros?*

666   Sí, también tiene algo que ver con nosotros: Jesucristo, Cabeza de la Iglesia, nos precede en el Reino glorioso del Padre para que nosotros, miembros de su cuerpo, vivamos en la esperanza de estar un día con Él eternamente.

76. *¿Se ocupa todavía de nosotros Jesucristo que ahora vive en el cielo?*

667   Jesucristo, que ahora vive en el cielo, intercede sin cesar por nosotros.

.   Esto lo hace como el mediador que nos asegura permanentemente la efusión del Espíritu Santo.

"Desde allí ha de venir a juzgar a vivos y muertos"

77. *¿Ya comenzó el Reino de Cristo?*

680   Sí, ya comenzó el Reino de Cristo, porque reina por la Iglesia, pero todavía no le son sometidas todas las cosas de este mundo.

El triunfo del Reino de Cristo no tendrá lugar sin un último asalto de las fuerzas del mal. [428].

78. *¿Hasta cuando durará la lucha entre el bien y el mal?*

681   La lucha entre el bien y el mal durará hasta el fin del mundo.

Cuando Cristo venga en su gloria para llevar a cabo el triunfo definitivo del bien sobre el mal, que como el trigo y la cizaña habrán crecido juntos en el curso de la historia.

79. *¿Cómo se efectuará el juicio final?*

Cristo glorioso, al venir al final de los 682 tiempos a juzgar a vivos y muertos, revelará la disposición secreta de los corazones y retribuirá a cada hombre según sus obras y según su aceptación o su rechazo de la gracia.

Capítulo tercero

El Espíritu Santo

"CREO EN EL ESPÍRITU SANTO"

80. *¿Cuál es la obra del Espíritu Santo en la Encarnación del Hijo?*

La obra del Espíritu Santo consiste en que 744 por su acción en María, el Padre da al mundo 745 al Emmanuel, "Dios con nosotros" (Mt 1,23). El Hijo de Dios es consagrado Cristo (Mesías) mediante la unción del Espíritu Santo en su Encarnación. [41]

81. *¿Cuál ha sido la acción del Espíritu Santo en la Iglesia?*

El Espíritu Santo que Cristo, Cabeza, de- 747 rrama sobre sus miembros, constituye, anima y santifica a la Iglesia. [393,397]

CREO EN "LA SANTA IGLESIA CATÓLICA"

82. ¿Qué es la Iglesia?

777   La Iglesia es la asamblea de aquellos a quienes convoca la palabra de Dios para formar su pueblo y, alimentados con el Cuerpo de Cristo, se convierten ellos mismos en el Cuerpo de Cristo.

83. ¿Cuándo comenzó y cuánto durará la Iglesia?

778   La Iglesia durará hasta que sea consumada como la asamblea de todos los redimidos de la tierra.

La Iglesia, que es a la vez camino y término del designio de Dios, fue prefigurada en la creación, preparada en la Antigua Alianza, fundada por las palabras y las obras de Jesucristo, realizada por su Cruz redentora y su Resurrección y se manifiesta como misterio de salvación por la efusión del Espíritu Santo. Quedará consumada en la gloria del cielo como asamblea de todos los redimidos de la tierra.

84. ¿La Iglesia es visible?

779   Sí, la Iglesia es visible, pero también es espiritual: sociedad jerárquica y Cuerpo Místico de Cristo. Es una, formada por un doble elemento humano y divino. Ahí está su misterio que sólo la fe puede aceptar.

85. ¿Qué es la Iglesia en este mundo?

780   La Iglesia, en este mundo, es el sacramento de salvación, el signo y el instrumento de la comunión con Dios y entre los hombres.

86. *¿Cómo se entra en la Iglesia?*

Se entra a la Iglesia por la fe y el Bau-   804
tismo.

87. *¿Cuáles son los principales nombres de la Iglesia?*

Los principales nombres de la Iglesia son: 810
Pueblo de Dios, Cuerpo y Esposa de Cristo,
Templo del Espíritu Santo. Así toda la Iglesia
aparece como el pueblo unido "por la unidad
del Padre, del Hijo y del Espíritu Santo".

88. *¿Qué significa "Pueblo de Dios"?*

Significa el Pueblo que Dios se ha esco-   782
gido.
"Ustedes son una raza elegida, un sacerdocio real, una nación
santa. Un Pueblo que Dios se ha escogido para sí" (1 Pedro 2,9).

89. *¿Qué quiere decir que la Iglesia es el "Cuerpo de Cristo"?*

Quiere decir la estrecha unión entre Cris-   805
to y la Iglesia. Cristo muerto y resucitado, por   806
el Espíritu y su acción en los sacramentos, sobre todo en la Eucaristía, constituye la comunidad de los creyentes en su Cuerpo, siendo Él
la cabeza.

90. *¿La Iglesia es también la "Esposa de Cristo"?*

Sí, la Iglesia es la Esposa de Cristo.   808
Él la ha amado y se ha entregado por ella.

La ha purificado por medio de su sangre. Ha hecho de ella la Madre fecunda de todos los hijos de Dios.

91. *¿Qué significa que la Iglesia sea el "Templo del Espíritu Santo"?*

809   Significa que el Espíritu Santo es como el alma del Cuerpo Místico, principio de su vida, de su unidad en la diversidad y de la riqueza de sus dones y carismas.

92. *¿Cuáles son los atributos de la Iglesia?*

865   Los atributos característicos de la Iglesia son sus cuatro propiedades inseparablemente unidas entre sí: la Iglesia es una, santa, católica, apostólica.

93. *¿Por qué la Iglesia es una?*

866   La Iglesia es una, porque tiene un solo Señor, confiesa una sola fe, nace de un solo Bautismo, forma un solo cuerpo vivificado por un solo Espíritu, orientado a una única esperanza, a cuyo término se superarán todas la divisiones.

94. *¿Por qué la Iglesia es santa?*

867   La Iglesia es santa porque Dios santísimo es su autor.

Cristo, su esposo, se entregó por ella para santificarla; el Espíritu de santidad la vivifica. Aunque comprenda pecadores, ella es inmaculada. En los santos brilla su santidad; en María es ya la enteramente santa.

95. *¿Qué significa que la Iglesia es católica?*

Significa que ella anuncia la totalidad de   868
la fe.

Lleva en sí y administra la plenitud de los medios de salvación; es enviada a todos los pueblos; se dirige a todos los hombres; abarca todos los tiempos y es, por su propia naturaleza, misionera.

96. *¿Qué significa que la Iglesia es apostólica?*

Significa que está edificada sobre sólidos   869
cimientos: "Los doce apóstoles del Cordero" (Ap 21,14); es indestructible.

Se mantiene infaliblemente en la verdad: Cristo la gobierna por medio de Pedro y los demás apóstoles, presentes en sus sucesores, el Papa y el Colegio de los Obispos.

97. *¿Cómo se debe entender que "fuera de la Iglesia no hay salvación"?*

Esta afirmación significa que toda salva-   846
ción viene de Cristo-Cabeza por la Iglesia que   847
es su cuerpo.

Esta afirmación no se refiere a los que, sin culpa suya, no conocen el Evangelio de Cristo y su Iglesia, pero buscan a Dios con sincero corazón e intentan en su vida, con la ayuda de la gracia, hacer la voluntad de Dios conocida por medio de lo que les dice su conciencia, y así pueden conseguir la salvación eterna. [145]

98. *¿Qué personas forman la Iglesia?*

Los ministros consagrados (clérigos) y los   934
laicos. Hay fieles que pertenecen a uno de los dos grupos y que además, por la profesión de

los consejos evangélicos, se consagran a Dios y sirven así a la misión de la Iglesia.

99. ¿Tiene la Iglesia un fundamento visible?

936   Sí, el Señor hizo de san Pedro el fundamento visible de su Iglesia.

Le dio las llaves de ella. El obispo de la Iglesia en Roma, sucesor de san Pedro, es la Cabeza del Colegio de los Obispos, Vicario de Cristo y Pastor de la Iglesia universal en la tierra.

100. ¿De qué poderes goza el Papa?

937
890   El Papa goza, por institución divina, de una potestad suprema, plena e inmediata y universal para cuidar las almas.

El goza del carisma de la infalibilidad cuando proclama por un acto definitivo la doctrina en cuestiones de fe y moral.

101. ¿Quiénes son los obispos?

938   Los obispos son sucesores de los Apóstoles. Cada uno de los obispos es el principio y fundamento de unidad en sus Iglesias particulares.

102. ¿Qué misión tienen los obispos?

939   Los obispos, ayudados por los presbíteros, sus colaboradores, y por los diáconos, tienen la misión de enseñar auténticamente la fe, de celebrar el culto divino, sobre todo la Eucaristía, y de dirigir su Iglesia como verdaderos pastores. A su misión pertenece también el cuidado de todas las Iglesias, con el Papa y bajo su autoridad.

103. *¿Cuál es la función de los laicos?*

Los laicos viven en el mundo en medio de 940
los negocios temporales. Dios los llama a que, 941
movidos por el espíritu cristiano, ejerzan su
apostolado en el mundo a manera de fermen-
to; realizan así el llamamiento a la santidad
dirigido a todos los bautizados.

104. *¿Quiénes son los religiosos?*

Los religiosos son los que han hecho pro- 944
fesión pública de los consejos evangélicos de
pobreza, castidad y obediencia en un estado de
vida estable, reconocido por la Iglesia.

105. *¿Cuál es la característica del religioso?*

El religioso, en el estado de vida consagra- 945
da, se encuentra más íntimamente comprome-
tido en el servicio divino y dedicado al bien de
toda la Iglesia.

"LA COMUNIÓN DE LOS SANTOS"

106. *¿Qué significa la "comunión de los santos"?*

Esta expresión designa primeramente las 960
"cosas santas", y ante todo la Eucaristía, que 961
significa y al mismo tiempo realiza la unidad
de los creyentes, que forman un solo cuerpo en
Cristo. Designa también la comunión entre las
"personas santas" en Cristo, que ha muerto por
todos, de modo que lo que cada uno hace o su-
fre en Cristo y por Él, da fruto para todos.

107. *¿La comunión de los santos se refiere sólo a los que viven en la tierra?*

962   No. Creemos en la comunión de todos los fieles cristianos.

Es decir, de los que peregrinan en la tierra, de los que se purifican después de muertos y de los que gozan de la bienaventuranza celeste: todos se unen en una sola Iglesia; y creemos igualmente que en esa comunión está a nuestra disposición el amor misericordioso de Dios y de sus santos que escuchan constantemente nuestras oraciones.

108. *¿Cómo colabora la Virgen en la obra de la salvación?*

973   Al pronunciar el "fiat" ("hágase") de la Anunciación y al dar su consentimiento al misterio de la Encarnación, María colabora ya en toda la obra que debe llevar a cabo su Hijo. Ella es madre allí donde Él es Salvador y Cabeza del Cuerpo Místico [53,398].

109. *¿Cómo terminó la vida terrena de la Virgen María?*

974   La Santísima Virgen María, cumpliendo el curso de su vida terrena, fue llevada en cuerpo y alma a la gloria del cielo.

Allí ella participa ya en la gloria de la resurrección de su Hijo, anticipando la resurrección de todos los miembros de su Cuerpo.

110. *¿La Santísima Virgen se ocupa de nosotros en el cielo?*

975   La Santísima Virgen se ocupa en el cielo, ejercitando su oficio materno, de los miembros del Cuerpo de Cristo.

CREO EN "EL PERDÓN DE LOS PECADOS"

111. *¿Por qué el "Credo" habla ahora del perdón de los pecados?*

El Credo relaciona "el perdón de los pecados" con la profesión de fe en el Espíritu Santo. Porque Cristo resucitado confió a los Apóstoles el poder perdonar los pecados cuando les dio el Espíritu Santo.   984

112. *¿Cuál es el primer y principal sacramento para perdonar los pecados?*

El primer y principal sacramento para el perdón de los pecados es el Bautismo: nos une a Cristo muerto y resucitado y nos da el Espíritu Santo.   985

113. *¿Hay otro sacramento además del Bautismo, para perdonar los pecados?*

Sí hay otros sacramentos para perdonar los pecados de los bautizados: la Iglesia usa de forma habitual el sacramento de la Reconciliación, por medio de los obispos y sacerdotes. [183]   986

CREO EN "LA RESURRECCIÓN DE LA CARNE"

114. *¿No sobrevalora la Iglesia las realidades materiales?*

La Iglesia no sobrevalora las realidades materiales, porque la "carne es soporte de la salvación".   1015

Creemos que Dios es el creador de la carne; creemos en el Verbo hecho carne para rescatar la carne; creemos en la resurrección de la carne, perfección de la creación, y en la redención de la carne.

115. ¿Cuál es el destino de nuestro cuerpo mortal?

1016 Por la muerte, el alma se separa del cuerpo, pero en la resurrección Dios devolverá la vida incorruptible a nuestro cuerpo transformado, reuniéndolo con nuestra alma. Así como Cristo ha resucitado y vive para siempre, todos nosotros resucitaremos en el último día.

116. ¿Los cuerpos resucitados serán iguales a los que tenemos ahora?

1017 "Creemos en la verdadera resurrección de esta carne que poseemos ahora". No obstante que se siembra en el sepulcro un cuerpo corruptible, resucita un cuerpo incorruptible, "un cuerpo espiritual" (1 Cor 15,44).

117. ¿Por qué debemos pasar por la muerte?

1018 Debemos pasar por la muerte como consecuencia del pecado original. El hombre debe sufrir "la muerte corporal, de la cual se habría liberado, si no hubiera pecado".

118. ¿Cuál es el sentido de la muerte cristiana?

1010 Gracias a Cristo, la muerte cristiana tiene un sentido positivo. La novedad esencial está en que para el cristiano, ya sacramentalmente "muerto con Cristo" por el Bautismo, la muerte física consuma ese "morir con Cristo" y perfecciona, así, nuestra incorporación a Él en su acto redentor.

119. *¿Cómo debemos prepararnos a la muerte?*

La Iglesia nos anima a prepararnos para 1014 la hora de nuestra muerte, a pedir a la Madre de Dios que interceda por nosotros "en la hora de nuestra muerte" y a confiarnos a san José, patrono de la buena muerte.

CREO EN "LA VIDA ETERNA"

120. *¿Qué sucede enseguida de la muerte?*

Al morir cada hombre recibe en su alma 1051 su retribución eterna, en un juicio particular realizado por Cristo, juez de vivos y de muertos.

121. *¿Cómo será vencida la muerte?*

Creemos que las almas de todos los que 1052 mueren en la gracia de Cristo constituyen el Pueblo de Dios después de la muerte. La muerte será vencida el día de la resurrección, cuando las almas se unirán con sus cuerpos.

122. *¿Qué hacen las almas que se encuentran ahora en el paraíso?*

Las almas que con Jesús y María se con- 1053 gregan en el paraíso, forman la Iglesia celestial, donde ellas están gozando de la felicidad

eterna, ven a Dios como es y participan juntamente con los ángeles en el gobierno que ejerce Cristo glorificado. Interceden por nosotros
y nos ayudan en nuestras debilidades.

123. *¿Qué les pasa a los que mueren sin estar*
perfectamente purificados?

1054   Los que mueren en gracia de Dios, pero
imperfectamente purificados, serán limpiados
después de su muerte, para obtener la santidad necesaria y entrar en el gozo del Señor.

124. *¿Qué hace la Iglesia por los difuntos?*

1055   La Iglesia encomienda los difuntos a la
misericordia de Dios y ofrece sufragios en su
favor, en particular el santo sacrificio eucarístico.

125. *¿La Iglesia habla del infierno?*

1056   Sí, la Iglesia habla de la triste y lamen-
table realidad de la muerte eterna, llamada
también infierno, siguiendo las enseñanzas de
Cristo.

126. *¿Cuál es la pena principal del infierno?*

1057   La pena principal del infierno consiste en
la separación eterna de Dios, en quien sólo puede tener el hombre la vida y la felicidad, para
las cuales ha sido creado y a las cuales aspira.

127. *¿Al final de la historia, después de la resurrección, comparecerán todos los hombres delante de Cristo juez?*

Sí, todos los hombres comparecerán con 1059 sus cuerpos en el día del juicio para rendir cuentas de sus propias acciones.

128. *¿Cuál será la conclusión de todo al fin de los tiempos?*

Al fin de los tiempos, el Reino de Dios lle- 1060 gará a su plenitud.

Entonces los justos reinarán con Cristo para siempre, glorificados en cuerpo y alma, y el mismo universo material será transformado. Dios será entonces "todo en todos" (1 Cor 15,28) en la vida eterna.

SEGUNDA PARTE

LA CELEBRACIÓN
DEL
MISTERIO CRISTIANO

La economía* sacramental

129. ¿Qué son los sacramentos?

1131   Los sacramentos son signos eficaces de la gracia, instituidos por Cristo y confiados a la Iglesia, por los cuales se nos comunica la vida divina.

Los ritos visibles bajo los cuales los sacramentos son celebrados, significan y realizan las gracias propias de cada sacramento. Dan fruto en quienes los reciben con las disposiciones requeridas.

130. ¿Por qué son sacramentos de la fe?

1123   Son sacramentos de la fe porque no sólo suponen la fe, sino también la fortalecen, la alimentan y la expresan con acciones y palabras.

131. ¿Los sacramentos son necesarios para la salvación?

1129   Los sacramentos de la Nueva Alianza son necesarios para la salvación.

132. ¿Qué es la gracia sacramental?

1129   La gracia sacramental es la gracia del Espíritu Santo dada por Cristo, y propia de cada sacramento.

---

* Consiste en la "dispensación" de los frutos del misterio pascual de Cristo en la celebración de la liturgia "sacramental" de la Iglesia.

133. *¿Qué son las celebraciones sacramentales?*

Las celebraciones sacramentales son acciones litúrgicas de la Iglesia.

134. *¿Qué es la liturgia?*

La liturgia es el culto público de la Iglesia. 1187
La obra de Cristo total, cabeza y cuerpo. Nuestro Sumo sacerdote, Jesucristo, la celebra sin cesar en la liturgia celestial, con su santa Madre, los Apóstoles, todos los santos y la muchedumbre de seres humanos que han entrado ya en el Reino.

135. *¿Quiénes son los celebrantes de la liturgia terrena sacramental?*

Los celebrantes de la liturgia sacramental 1188 son todos los fieles porque la asamblea es el "liturgo", cada cual según su función.
El sacerdocio bautismal es el sacerdocio de todo el Cuerpo de Cristo. Pero algunos fieles son ordenados por el sacramento del Orden sacerdotal para representar a Cristo como Cabeza del Cuerpo.

136. *¿Qué es el domingo?*

El domingo, "día del Señor", es el día principal de la celebración de la Eucaristía, porque es el día de la Resurrección. 1193
Es el día de la asamblea litúrgica por excelencia, el día de la familia cristiana, el día de gozo y de descanso del trabajo. Es el fundamento y núcleo de todo el año litúrgico.

137. *¿Qué es el "año litúrgico"?*

El año litúrgico es el ciclo anual en que se 1194 desarrolla todo el Misterio de Cristo.
Desde la Encarnación y Navidad hasta la Ascensión, Pentecostés y la expectativa de la dichosa esperanza y venida del Señor. [404]

Los siete sacramentos de la Iglesia

138. *¿Cuántos y cuáles son los sacramentos de la Iglesia?*

1210   Los sacramentos de la Iglesia son siete: Bautismo, Confirmación, Eucaristía, Penitencia, Unción de los enfermos, Orden sacerdotal y Matrimonio.

139. *¿Cómo podemos clasificar los siete sacramentos?*

1211   En primer lugar tenemos los tres sacramentos de la iniciación cristiana (Bautismo, Confirmación, Eucaristía), luego los sacramentos de curación (Penitencia y Unción de los enfermos), finalmente los sacramentos que están al servicio de la comunión y misión de los fieles (Orden sacerdotal y Matrimonio).

La Eucaristía es el "Sacramento de los sacramentos", y los demás sacramentos están ordenados a ella como a su fin.

Capítulo primero

Los sacramentos
de la iniciación cristiana

El sacramento del Bautismo

140. ¿Cómo se realiza la iniciación cristiana?

La iniciación cristiana se realiza por el 1275
conjunto de tres sacramentos: el Bautismo, que
es el comienzo de la vida nueva; la Confirmación, que es su afianzamiento; y la Eucaristía,
que alimenta al discípulo con el Cuerpo y la
Sangre de Cristo para ser transformado en Él.

141. ¿Para qué es el Bautismo?

El Bautismo nos hace nacer a la vida nue- 1277
va en Cristo. [421]
Según la voluntad del Señor, es necesario para la salvación,
como la Iglesia misma, a la que introduce el Bautismo.

142. ¿Cuál es el rito esencial del Bautismo?

El rito esencial del Bautismo es sumergir 1278
en el agua al candidato o derramar agua sobre
su cabeza, pronunciando la invocación de la
Santísima Trinidad, es decir, del Padre y del
Hijo y del Espíritu Santo.

143. ¿Cuál es el fruto del Bautismo?

El fruto del Bautismo, o gracia bautismal, 1279
es una realidad rica que comprende: el perdón

del pecado original y de todos los pecados personales; el nacimiento a la vida nueva, por la cual el hombre es hecho hijo adoptivo del Padre, miembro de Cristo, templo del Espíritu Santo.

Por la acción misma del Bautismo, el bautizado es incorporado a la Iglesia, Cuerpo de Cristo y hecho partícipe del sacerdocio de Cristo [37,86]

144. *¿Deja además el Bautismo una señal indeleble?*

1280 Sí. El Bautismo imprime en el alma un signo espiritual indeleble, el carácter, que consagra al bautizado al culto de la religión cristiana. Por razón del carácter, el Bautismo no puede ser administrado más de una vez.

145. *¿Puede alguien salvarse sin haber recibido el Bautismo?*

1281 Sí. Se pueden salvar sin haber recibido el Bautismo los que padecen la muerte a causa de la fe, los catecúmenos y todos los hombres de buena fe que, bajo el impulso de la gracia, sin conocer a la Iglesia, buscan sinceramente a Dios y se esfuerzan por cumplir su voluntad. [97]

146. *¿Se puede administrar el Bautismo también a los niños?*

1282 Sí, el Bautismo se puede administrar a los niños, porque es una gracia y un don de Dios que no suponen méritos humanos; los niños son bautizados en la fe de la Iglesia.

La entrada en la vida cristiana da acceso a la verdadera libertad.

147. *¿Qué debemos pensar de los niños que mueren sin Bautismo?*

La liturgia de la Iglesia nos invita a te- 1283
ner confianza en la misericordia divina y a orar
por su salvación.

148. *¿Quién puede bautizar?*

Toda persona puede bautizar en caso ne- 1284
cesario, si tiene la intención de hacer lo que la
Iglesia hace y que derrame agua sobre la cabeza del candidato diciendo: "Yo te bautizo en el
nombre del Padre, y del Hijo, y del Espíritu
Santo".

EL SACRAMENTO DE LA CONFIRMACIÓN

149. *¿Qué es la Confirmación?*

La Confirmación es el sacramento que 1316
perfecciona la gracia bautismal y que da el
Espíritu Santo para enraizarnos más profun-
damente en la filiación divina.

Nos incorpora más firmemente a Cristo, hace más sólido nuestro vínculo con la Iglesia, nos asocia todavía más a su misión y
nos ayuda a dar testimonio de la fe cristiana por la palabra acompañada de las obras.

150. *La Confirmación ¿imprime una señal indeleble?*

La Confirmación, como el Bautismo, im- 1317
prime en el alma del cristiano un signo espiritual o carácter indeleble.

Por eso este sacramento sólo se puede recibir una vez en la vida.

151. *¿Cuándo se administra en la Iglesia latina la Confirmación?*

1318   En la Iglesia latina se administra la Confirmación cuando se ha alcanzado el uso de razón.

152. *¿Quién puede administrar la Confirmación?*

1318   Puede administrarla ordinariamente el obispo, y algunas veces un delegado.

Así se significa que este sacramento robustece el vínculo eclesial.

153. *¿Cómo se debe recibir la Confirmación?*

1319   La Confirmación se recibe cuando el candidato ya ha alcanzado el uso de la razón, profesa la fe, está en gracia y tiene la intención de recibir el sacramento, y está preparado para tomar su papel de discípulo y de testigo de Cristo en la comunidad eclesial y en los asuntos de su vida de todos los días.

154. *¿Cuál es el rito esencial de la Confirmación?*

1320   El rito esencial de la Confirmación es la unción con el Santo Crisma en la frente del bautizado con la imposición de la mano del ministro y las palabras "Recibe por esta señal el don del Espíritu Santo".

155. *¿Cómo se expresa la conexión de la Confirmación con el Bautismo?*

Cuando la Confirmación se celebra sepa- 1321
radamente del Bautismo, su conexión se expresa entre otras cosas por la renovación de
los compromisos bautismales.
La celebración de la Confirmación dentro de la Eucaristía contribuye a subrayar la unidad de los sacramentos de la iniciación
cristiana.

El sacramento de la Eucaristía

156. *¿Qué otros nombres tiene la Eucaristía?*

La Eucaristía tiene diversos nombres: Eu- 1328
caristía, Cena del Señor, Fracción del pan, a
Asamblea eucarística, Memorial, Santo Sacri- 1332
ficio, Santa y divina liturgia, Comunión, Santa Misa.

157. *¿Qué partes tiene la celebración de la Eu-*
caristía?

La celebración de la Eucaristía tiene las 1408
siguientes partes: la proclamación de la Palabra de Dios, la acción de gracias a Dios Padre
por todos sus beneficios, sobre todo por el don
de su Hijo; la consagración del pan y del vino y
la recepción del Cuerpo y de la Sangre del Señor. Estos elementos constituyen un solo acto
de culto.

158. *¿Por qué es importante la Eucaristía?*

La Eucaristía es importante porque es el 1407
corazón y la cumbre de la vida de la Iglesia.

En ella Cristo asocia su Iglesia, y todos sus miembros a su sacrificio de alabanza y acción de gracias, ofrecido una vez por todas, en la cruz, a su Padre; por medio de este sacrificio derrama las gracias de la salvación sobre su Cuerpo, que es la Iglesia.

159. ¿Qué conexión existe entre la Eucaristía y la Pascua de Cristo?

1409   La Eucaristía es el memorial de la Pascua de Cristo.

La obra de la salvación realizada por la vida, la muerte y la resurrección de Cristo, obra que se hace presente por la acción litúrgica.

160. ¿Quién ofrece el sacrificio eucarístico?

1410   Cristo mismo, sumo y eterno sacerdote de la Nueva Alianza, por el ministerio de los sacerdotes ofrece el sacrificio eucarístico.

El mismo Cristo, realmente presente bajo las especies del pan y del vino, es la ofrenda del sacrificio eucarístico.

161. ¿Quién puede consagrar la Eucaristía?

1411   Sólo los presbíteros válidamente ordenados pueden presidir la Eucaristía, y consagrar el pan y el vino para que se conviertan en el Cuerpo y en la Sangre del Señor.

162. ¿Cuáles son los signos esenciales de la celebración eucarística?

1412   Los signos esenciales del sacramento eucarístico son pan de trigo y vino de uva, sobre los cuales se invoca la bendición del Espíritu Santo.

El presbítero pronuncia las palabras de la consagración dichas por Jesús en la Última Cena: "Esto es mi Cuerpo, que será entregado por ustedes … Éste es el cáliz de mi Sangre…"

163. *¿Qué se realiza en la consagración?*

En la consagración se realiza la transubstanciación del pan y del vino en el Cuerpo y la Sangre de Cristo. Bajo las especies consagradas del pan y del vino, Cristo mismo, vivo y glorioso, está presente de manera verdadera, real y substancial, con su Cuerpo, su Sangre, su alma y su divinidad. 1413

164. *¿Sólo de alabanza y de acción de gracias es el sacrificio eucarístico?*

No, la Eucaristía se ofrece también en reparación de los pecados de los vivos y difuntos y para obtener de Dios beneficios espirituales o temporales. 1414

165. *¿Cuáles son las condiciones para acercarse dignamente a la Comunión eucarística?*

La condición para acercarse dignamente a Cristo en la Comunión eucarística es el estado de gracia. 1415
Si uno tiene conciencia de haber pecado mortalmente, no debe acercarse a la Eucaristía, sin haber recibido previamente la absolución en el sacramento de la Penitencia. [256, 178].

166. *¿Cuáles son los frutos de la Eucaristía recibida dignamente?*

1416   Los frutos de la Eucaristía acrecientan la unión del que comulga, con el Señor, le perdona los pecados veniales y lo guarda de pecados graves.

Puesto que los lazos de caridad entre el que comulga y Cristo se refuerzan, la recepción de este sacramento fortalece la unidad de la Iglesia, Cuerpo místico de Cristo.

167. ¿Qué recomienda la Iglesia sobre la comunión?

1417   La Iglesia recomienda a los fieles que reciban la sagrada comunión cuando participan en la celebración de la Eucaristía.

La Iglesia impone la obligación de comulgar al menos una vez al año. [165, 304]

168. ¿Por qué hay que adorar al Santísimo Sacramento?

1418   Hay que adorar al Santísmo Sacramento, porque ahí está presente Cristo mismo.

La visita al Santísimo Sacramento es una prueba de gratitud, un signo de amor y un deber de adoración.

169. ¿Qué nos da Cristo en la Eucaristía?

1419   Cristo nos da en la Eucaristía la prenda de la gloria que tendremos junto a Él.

La participación en el Santo Sacrificio nos identifica con su Corazón, sostiene nuestras fuerzas a lo largo del peregrinar de esta vida, nos hace desear la Vida eterna y nos une ya desde ahora a la Iglesia del cielo, a la Santísima Virgen María y a todos los santos.

Capítulo segundo

Los sacramentos de curación

EL SACRAMENTO DE LA PENITENCIA
Y DE LA RECONCILIACIÓN

170. *¿Cómo se concede el perdón de los pecados cometidos después del Bautismo?*

El perdón de los pecados cometidos des- 1486
pués del Bautismo se concede por un sacramento propio llamado sacramento de la Conversión,
de la Confesión, de la Penitencia o de la Reconciliación.

171. *¿Cuándo dio Jesús a sus Apóstoles este sacramento?*

El Señor Jesús en la tarde de Pascua se 1485
mostró a sus Apóstoles y les dijo: "Reciban el
Espíritu Santo. A quienes les perdonen los pecados, les quedan perdonados; a quienes no se
los perdonen, les quedarán sin perdonar" (Jn
20, 22-23).

172. *¿Por qué el pecado es un mal tan grande?*

El pecado lesiona el honor de Dios y su 1487
amor, la propia dignidad del hombre llamado
a ser hijo de Dios y el bien espiritual de la Iglesia, de la que cada cristiano debe ser una piedra viva. [256-257]

173. *¿Hay algún mal que sea mayor que el pecado?*

1488   No, a los ojos de la fe, ningún mal es más grave que el pecado y nada tiene peores consecuencias para los pecadores mismos, para la Iglesia y para el mundo entero. [256-257]

174. *¿Depende sólo del hombre la conversión a Dios después del pecado?*

1489   No. Volver a la comunión con Dios, después de haberla perdido por el pecado, es un movimiento que nace de la gracia de Dios, rico en misericordia y deseoso de la salvación de los hombres.

Es preciso pedir este don precioso para uno mismo y para los demás. [298]

175. *¿Qué cosa supone el retorno a Dios?*

1490   El movimiento de retorno a Dios, llamado conversión y arrepentimiento, implica un dolor y una aversión respecto a los pecados cometidos, y el propósito firme de no volver a pecar.

La conversión, por lo tanto, mira al pasado y al futuro; se nutre de la esperanza en la misericordia divina. [289]

176. *¿Cuáles son los actos que constituyen el sacramento de la penitencia?*

1491   El sacramento de la penitencia está constituido por el conjunto de tres actos realizados por el penitente y especialmente por la absolución del sacerdote.

Los actos del penitente son: el arrepentimiento, la confesión o manifestación de los pecados al sacerdote y el propósito de realizar la reparación y las obras de penitencia.

177. *¿Cuáles son los motivos del arrepentimiento?*

El arrepentimiento (llamado también con- 1492
trición) debe estar inspirado en motivaciones que brotan de la fe.
Si el arrepentimiento es concebido por amor de caridad hacia Dios, se llama "perfecto"; si está fundado en otros motivos, se llama "imperfecto".

178. *Quien ha cometido un pecado mortal ¿puede obtener en seguida su perdón?*

Quien ha cometido un pecado mortal pue- 1415
de en seguida obtener su perdón por un acto 1452
de contrición perfecto, unido a la firme resolución de recurrir, tan pronto sea posible, a la confesión sacramental.
Sin embargo, no puede acercarse a la Eucaristía antes de haberse confesado. [165]

179. *¿Qué pecados se deben confesar?*

Los pecados que se deben confesar para 1493
obtener la reconciliación con Dios y la Iglesia son los pecados graves que no se han confesado aún y de los que se acuerda el penitente, después de examinar cuidadosamente su conciencia.
Sin ser necesaria la confesión de las faltas veniales, está recomendada vivamente por la Iglesia. [255-258]

180. *¿Por qué es necesaria la satisfacción que impone el sacerdote al penitente?*

1494   Es necesaria la satisfacción o penitencia para reparar el daño causado por el pecado y restablecer los hábitos propios del discípulo de Cristo.

181. *¿Qué sacerdote puede absolver?*

1495   Sólo los sacerdotes que han recibido de la autoridad de la Iglesia la facultad de absolver, pueden ordinariamente perdonar los pecados en nombre de Cristo.

182. *¿Cuáles son los efectos espirituales del sacramento de la penitencia?*

1496   Los efectos espirituales del sacramento de la penitencia son: la reconciliación con Dios, por la que el penitente recupera la gracia; la reconciliación con la Iglesia; la remisión de la pena contraída por los pecados mortales; la remisión, al menos en parte de las penas temporales, consecuencia del pecado; la paz y serenidad de la conciencia, y el consuelo espiritual; el crecimiento de las fuerzas espirituales para el combate cristiano.

183. *¿Cuál es el medio ordinario para la reconciliación?*

1497   La confesión individual e íntegra de los pecados graves, seguida de la absolución, es el único medio ordinario para la reconciliación con Dios y con la Iglesia.

184. *¿Qué es la indulgencia?*

Indulgencia es la remisión ante Dios de 1471
la pena temporal por los pecados, ya perdonados en cuanto a la culpa, que un fiel dispuesto
y cumpliendo determinadas condiciones consi-
gue por medio de la Iglesia.

La Iglesia, como administradora de la redención, distribuye y
aplica con autoridad el tesoro de las satisfacciones de Cristo y
de los santos. La indulgencia es parcial o plenaria, según libere
de la pena temporal por los pecados en parte o totalmente.

Todo fiel puede adquirir para sí mismo o aplicar por los difuntos, a manera de sufragio, las indulgencias tanto parciales como
plenarias.

LA UNCIÓN DE LOS ENFERMOS

185. *¿Qué leemos en la Sagrada Escritura so-*
bre la Unción de los enfermos?

Dice el apóstol Santiago: "¿Está enfermo 1526
alguno entre ustedes? Llame a los presbíteros
de la Iglesia, que oren sobre él y lo unjan con
óleo en el nombre del Señor. Y la oración de la
fe salvará al enfermo, y el Señor hará que se
levante, y si hubiera cometido pecados, le serán perdonados" (Sant 5,14-15).

186. *¿Qué fin tiene la Unción de los enfermos?*

La Unción de los enfermos tiene por fin 1528
dar una gracia especial al cristiano que experimenta las dificultades de la enfermedad grave o de la vejez.

187. *¿Cuál es el mejor tiempo para recibir este sacramento?*

1528   El mejor tiempo para recibir la Santa Unción llega cuando el fiel comienza a encontrarse en peligro de muerte por causas de enfermedad o de vejez.

188. *¿Cuántas veces se puede recibir?*

1529   Cada vez que un cristiano cae gravemente enfermo, puede recibir la Santa Unción, y también cuando después de haberla recibido, la enfermedad se agrava.

189. *¿Quién puede administrar la Unción de los enfermos?*

1530   Sólo los sacerdotes (presbíteros y obispos) pueden administrar la Unción de los enfermos. Para conferirla usan óleo bendecido por el obispo, o en caso necesario, por el mismo presbítero.

190. *¿Cuál es el rito esencial de este sacramento?*

1531   El rito esencial de este sacramento es la unción en la frente y en las manos del enfermo (en el rito romano) o en otras partes del cuerpo (en Oriente), unción acompañada de la oración litúrgica del sacerdote celebrante que pide la gracia especial de este sacramento.

191. *¿Qué efectos tiene la gracia especial de la Unción de los enfermos?*

La gracia especial del sacramento de la 1532 Unción de los enfermos tiene como efectos: la unión del enfermo a la Pasión de Cristo, para su bien y el de toda la Iglesia.

El consuelo, la paz y el ánimo para soportar cristianamente los sufrimientos de la enfermedad o de la vejez; el perdón de los pecados si el enfermo no ha podido obtenerlo por el sacramento de la Penitencia; el restablecimiento de la salud corporal, si conviene a la salud espiritual; la preparación para el paso a la vida eterna.

Capítulo tercero

Los sacramentos al servicio de la comunidad

EL SACRAMENTO DEL ORDEN

192. *¿Hay diversas participaciones en el sacerdocio de Cristo?*

Sí, hay diversas participaciones del 1591 sacerdocio de Cristo. Por el Bautismo todos los fieles participan del sacerdocio de Cristo. Esta participación se llama "sacerdocio común de los fieles".

A partir de este sacerdocio y al servicio del mismo, existe otra participación en la misma misión de Cristo: la del ministerio conferido por el sacramento de Orden, cuya tarea es servir en nombre y en representación de Cristo-Cabeza en medio de la comunidad.

193. *¿Por qué el sacerdocio ministerial difiere del sacerdocio común de los fieles?*

1592   El sacerdocio ministerial difiere esencialmente del sacerdocio común de los fieles, porque confiere un poder sagrado para el servicio de los fieles.

Los ministros ordenados ejercen su servicio en el pueblo de Dios mediante la enseñanza, el culto divino y por el gobierno pastoral.

194. ¿Existen grados en el ministerio ordenado?

1593   Existen tres grados en el ministerio ordenado: el de los obispos, el de los presbíteros y el de los diáconos.

195. ¿Los ministros ordenados son esenciales a la Iglesia?

1593   Los ministerios conferidos por la ordenación son esenciales para la estructura orgánica de la Iglesia.

Sin el obispo, los presbíteros y los diáconos, no se puede hablar de Iglesia. [98]

196. ¿Quién es el obispo?

1594   El obispo recibe la plenitud del sacramento del Orden, que lo incorpora al Colegio episcopal y hace de él la cabeza visible de la Iglesia particular que le es confiada.

Los obispos, en cuanto sucesores de los Apóstoles y miembros del Colegio, participan en la responsabilidad apostólica y en la misión de toda la Iglesia bajo la autoridad del Papa, sucesor de san Pedro. [101]

197. ¿Quiénes son los presbíteros?

1595   Los presbíteros son ministros ordenados,

unidos a los obispos en la dignidad sacerdotal, y al mismo tiempo dependen de ellos en el ejercicio de sus funciones pastorales.

Son llamados a ser cooperadores diligentes de los obispos; forman en torno a su obispo el presbiterio que asume con él la responsabilidad de la Iglesia particular. Reciben del obispo el cuidado de una comunidad parroquial o de una función eclesial determinada.

198. ¿Quiénes son los diáconos?

Los diáconos son ministros ordenados 1596 para las tareas de servicio de la Iglesia.

No reciben el sacerdocio ministerial, pero la ordenación les confiere funciones importantes en el ministerio de la palabra, del culto divino, del gobierno pastoral y del servicio de la caridad, tareas que deben cumplir bajo la autoridad pastoral de su obispo.

199. ¿Cómo se confiere el sacramento del Orden?

El sacramento del Orden se confiere por 1597 la imposición de las manos, seguida de una oración consecratoria solemne que pide a Dios para el ordenando las gracias del Espíritu Santo requeridas para su ministerio. La ordenación imprime un carácter sacramental indeleble.

200. ¿Quién puede ser ordenado?

La Iglesia ordena únicamente a varones 1598 bautizados, cuyas aptitudes para el ejercicio del ministerio han sido debidamente reconocidas.

A la autoridad de la Iglesia corresponde la responsabilidad y el derecho de llamar a uno a recibir la ordenación.

201. *¿Qué relación hay entre la ordenación y el celibato?*

1599   En la Iglesia latina, el sacramento del Orden para el presbiterado sólo es conferido a candidatos que estén dispuesto a abrazar libremente el celibato y que manifiestan públicamente su voluntad de guardarlo por amor del Reino de Dios y el servicio de los hombres.

EL SACRAMENTO DEL MATRIMONIO

202. *¿Por qué se cuenta el Matrimonio entre los sacramentos?*

1659   El Matrimonio se cuenta entre los sacramentos porque hace referencia a la unión esponsal de Cristo con la Iglesia y da la gracia del mismo.

San Pablo dice: "Maridos, amen a sus mujeres como Cristo amó a su Iglesia… Gran misterio es éste, lo digo con respecto a Cristo y a la Iglesia" (Ef 5,25-32).

203. *¿Tiene la alianza matrimonial sus propias leyes?*

1660   La alianza matrimonial, por la que un hombre y una mujer constituyen una íntima comunidad de vida y de amor, fue fundada y dotada de sus leyes propias por el Creador.

Por su naturaleza está ordenada al bien de los cónyuges así como a la generación y educación de los hijos. Entre bautizados, el matrimonio ha sido elevado por Cristo Señor a la dignidad de sacramento. [347, 348]

204. *¿Qué significa y qué gracia da el sacramento del Matrimonio?*

El sacramento del Matrimonio significa 1661 la unión de Cristo con la Iglesia. Da a los esposos la gracia de amarse con el amor con que Cristo amó a su Iglesia; la gracia del sacramento perfecciona así el amor humano de los esposos, reafirma su unidad indisoluble y los santifica en el camino de la vida eterna. [347, 348]

205. *¿En qué se funda el matrimonio?*

El matrimonio se funda en el consenti- 1662 miento de los contrayentes, es decir, en la voluntad de darse mutua y definitivamente con el fin de vivir una alianza de amor fiel y fecundo. [347, 348]

206. *¿La celebración del Matrimonio debe ser pública?*

Sí. Dado que el matrimonio establece a 1663 los cónyuges en un estado público de vida en la Iglesia, la celebración del mismo se hace ordinariamente de modo público, en el marco de una celebración litúrgica, ante el sacerdote (o el testigo cualificado de la Iglesia), los testigos y la asamblea de los fieles.

207. *¿Cuáles son las propiedades esenciales del Matrimonio?*

Las propiedades esenciales del Matrimo- 1664 nio son la unidad, la indisolubilidad y la apertura a la fecundidad.

La poligamia es incompatible con la unidad del Matrimonio; el divorcio separa lo que Dios ha unido; el rechazo de la fecundidad priva a la vida conyugal de su "don más excelente", el hijo. [347, 348]

208. ¿Es lícito a los divorciados volverse a casar?

1665   No, contraer un nuevo matrimonio por parte de los divorciados mientras vivan sus cónyuges legítimos, contradice el plan y la ley de Dios enseñados por Cristo.

Los que viven en esa situación no están separados de la Iglesia, pero no pueden recibir la comunión eucarística. Pueden vivir su vida cristiana, sobre todo educando a sus hijos en la fe. [347, 351]

209. ¿Por qué la Iglesia insiste tanto en la pastoral matrimonial y familiar?

1666   La Iglesia insiste tanto porque el hogar cristiano es un lugar en que los hijos reciben el primer anuncio de la fe.

Por eso la casa familiar es llamada justamente "Iglesia doméstica", comunidad de gracia y oración, escuela de virtudes humanas y de caridad cristiana.

Capítulo cuarto

Otras celebraciones litúrgicas

LOS SACRAMENTALES

210. *¿Qué son los sacramentales?*

Los sacramentales son signos sagrados 1677 instituidos por la Iglesia para preparar a los hombres a recibir el fruto de los sacramentos y santificar las diversas circunstancias de la vida.

211. *¿Cuáles son los principales sacramentales?*

Los principales sacramentales son las 1678 bendiciones, que ocupan un lugar importante. Son a la vez la alabanza a Dios por sus obras y sus dones, y la intercesión de la Iglesia para que los hombres puedan hacer uso de los dones de Dios, según el espíritu del Evangelio.

212. *¿Qué valor tiene la piedad popular?*

La piedad popular enraizada tiene el va- 1679 lor de nutrir la vida cristiana junto con la liturgia. Esclareciéndola a la luz de la fe, la Iglesia favorece aquellas formas de religiosidad popular que expresan mejor un sentido evangélico y una sabiduría humana, y que enriquecen la vida cristiana.

TERCERA PARTE

LA VIDA EN CRISTO

La vocación del hombre: la vida en el Espíritu

Capítulo primero

La dignidad de la persona humana

EL HOMBRE, IMAGEN DE DIOS

213. *¿Quién manifiesta la verdadera vocación del hombre?*

1710   Cristo manifiesta plenamente lo que es el hombre al propio hombre y le descubre la grandeza de su vocación.

214. *¿Cuál es la vocación del hombre?*

1711   La vocación del hombre es ésta: desde su concepción está ordenado a Dios y destinado a la bienaventuranza eterna. Camina hacia su perfección en la búsqueda y el amor de la verdad y del bien.

215. *¿Cuál debe ser la conducta moral del hombre?*

El hombre debe seguir la ley moral que lo 1712
impulsa "a hacer el bien y evitar el mal", ya 1713
que está dotado de verdadera libertad, "signo
eminente de la imagen divina en él".

Esta ley resuena en su conciencia.

216. *La libertad en el hombre ¿está igualmen-*
te inclinada al bien y al mal?

No. El hombre, herido en su naturaleza 1714
por el pecado original, está sujeto al error e
inclinado al mal en el ejercicio de su libertad.
[38]

217. *¿Cómo podemos superar esta inclinación?*

Podemos superar esta inclinación con la 1708
gracia de Dios.

Por su pasión Cristo nos libró de Satán y del pecado. Nos mere-
ció la vida nueva en el Espíritu Santo. Su gracia restaura en
nosotros lo que el pecado había deteriorado. [39]

218. *¿Cómo culmina la vida moral?*

La vida moral, desarrollada y madurada 1715
en la gracia, culmina en la vida eterna, en la
gloria del cielo.

NUESTRA VOCACIÓN A LA BIENAVENTURANZA

219. *¿Qué significan las bienaventuranzas*
evangélicas en nuestra vida?

1726   Las bienaventuranzas nos enseñan el fin último al que Dios nos llama: el Reino, la visión de Dios, la participación en la naturaleza divina, la vida eterna, la filiación, el descanso en Dios.

220. *¿Las bienaventuranzas nos indican también el camino para ir al cielo?*

1728   Sí, las bienaventuranzas nos indican tam-
1729 bién el camino para llegar al cielo.

Nos colocan ante opciones decisivas con respecto a los bienes terrenos; purifican nuestro corazón para enseñarnos a amar a Dios sobre todas las cosas y determinan los criterios de discernimiento en el uso de los bienes terrenos en conformidad a la ley de Dios.

221. *¿Se puede por las solas fuerzas naturales alcanzar la bienaventuranza de la vida eterna?*

1727   No, la bienaventuranza de la vida eterna es un don gratuito de Dios; es sobrenatural, como también lo es la gracia que conduce a ella.

LA LIBERTAD DEL HOMBRE

222. *¿Qué es la libertad?*

1744   La libertad es el poder de obrar o de no obrar y de ejecutar así, por uno mismo acciones deliberadas. La libertad alcanza su perfección cuando está ordenada a Dios, el supremo Bien.

223. *¿Para qué le ha dado Dios la libertad al hombre?*

Dios ha querido "dejar al hombre en manos de su propia decisión" (Eclo 15,14) para que pueda adherirse libremente a su Creador y llegar así a la bienaventurada perfección. 1743

224. *¿Qué implica para el hombre ser libre?*

La libertad caracteriza los actos propiamente humanos. Hace al ser humano responsable de los actos de que es autor voluntario. Es propio del hombre actuar deliberadamente. 1745

225. *¿Qué factores disminuyen la responsabilidad?*

La imputabilidad o la responsabilidad de una acción puede quedar disminuida e incluso anulada por la ignorancia, la violencia, el temor y otros factores psíquicos o sociales. 1746

226. *¿Tiene el hombre derecho al ejercicio de su propia libertad?*

Sí. El derecho al ejercicio de la libertad, especialmente en materia religiosa y moral, es una exigencia inseparable de la dignidad del hombre. 1747
Pero el ejercicio de la libertad no implica el pretendido derecho de decir o de hacer cualquier cosa.

227. *¿Para qué nos ha liberado Cristo?*

"Cristo nos ha liberado para ser libres" (Gál 5,1) 1748

LA MORALIDAD DE LOS ACTOS HUMANOS

228. *¿De qué depende la moralidad de los actos humanos?*

1757   El objeto, la intención y las circunstancias constituyen las tres "fuentes" de la moralidad de los actos humanos.

229. *¿De qué manera el "objeto" especifica el acto voluntario?*

1758   El objeto elegido especifica moralmente el acto de voluntad según la razón lo reconozca y lo juzgue bueno o malo.

230. *¿Se puede hacer una acción mala por un fin bueno?*

1759   No se puede justificar una acción mala por el hecho de que la intención sea buena. El fin no justifica los medios.

231. *¿Qué se requiere para que un acto sea moralmente bueno?*

1760   El acto moralmente bueno supone a la vez la bondad del objeto, del fin y de las circunstancias.

LA MORALIDAD DE LAS PASIONES

232. *¿Qué se entiende por "pasiones"?*

Se entiende por pasiones los afectos y los 1771 sentimientos.

Por medio de sus emociones, el hombre intuye lo bueno y lo malo.

233. *¿Cuáles son las pasiones principales?*

Las pasiones principales son el amor y el 1772 odio, el deseo y el temor, la alegría, la tristeza y la ira.

234. *¿Las pasiones son buenas o malas?*

Las pasiones no son buenas ni malas mo- 1773 ralmente. Pero según dependan o no de la ra- 1774 zón y de la voluntad, hay en ellas bien o mal moral.

Las emociones y los sentimientos pueden ser asumidos por las virtudes o pervertidos por los vicios.

235. *¿Exige la perfección del bien moral la eliminación de las pasiones?*

No. La perfección del bien moral consiste 1775 en que el hombre no sea movido al bien sólo por su voluntad, sino también por su corazón.

La conciencia

236. *¿Qué es la conciencia moral?*

La conciencia moral es un juicio de la ra- 1795 zón por el que la persona humana reconoce la 1796 calidad moral de un acto concreto.

La conciencia es el núcleo más secreto y sagrado del hombre, en el que está solo con Dios cuya voz resuena en lo más íntimo de ella.

237. ¿Debe ser educada la conciencia?

1783
1798
Sí, hay que educar la conciencia. Una conciencia bien formada es recta y veraz.

Formula sus juicios según la razón, conforme al bien verdadero querido por la sabiduría del Creador.

Cada uno debe poner los medios para formar su conciencia.

238. ¿Es necesario obedecer siempre a la conciencia?

1800
1801
Es necesario obedecer siempre al juicio cierto de la conciencia.

La conciencia moral puede permanecer en la ignorancia o formar juicios erróneos. Estas ignorancias y estos errores no están siempre exentos de culpabilidad.

239. ¿Cómo se puede formar la conciencia?

1802
La Palabra de Dios es una luz en nuestros pasos.

Es preciso que la asimilemos en la fe y en la oración, y la pongamos en práctica. Así se forma la conciencia moral.

LAS VIRTUDES

240. ¿Qué cosa es la virtud?

1833
1834
La virtud es una disposición habitual y firme para hacer el bien.

Las virtudes humanas son disposiciones estables del entendimiento y de la voluntad que regulan nuestros actos, ordenan nuestras pasiones y guían nuestra conducta según la razón y la fe. Pueden agruparse en torno a cuatro virtudes cardinales: prudencia, justicia, fortaleza y templanza.

241. ¿Qué es la prudencia?

La prudencia dispone la razón práctica 1835 para discernir, en toda circunstancia, nuestro verdadero bien y elegir los medios justos para realizarlo.

242. ¿Qué es la justicia?

La justicia es la constante y firme volun- 1836 tad de dar a Dios y al prójimo lo que les es debido.

243. ¿Qué es la fortaleza?

La fortaleza asegura, en las dificultades, 1837 la firmeza y la constancia en la práctica del bien.

244. ¿Qué es la templanza?

La templanza modera la atracción hacia 1838 los placeres sensibles y procura la moderación en el uso de los bienes creados.

245. ¿Cómo pueden crecer las virtudes morales?

Las virtudes morales crecen mediante la 1839 educación, mediante actos deliberados y con el esfuerzo perseverante. La gracia divina las purifica y las eleva.

246. *¿Hay otras virtudes además de las morales?*

1812
1813
Además de las virtudes morales están las virtudes teologales, a saber la fe, la esperanza y la caridad, que se refieren directamente a Dios y disponen a los cristianos a vivir en relación con la Santísima Trinidad.

Tienen como origen, motivo y objeto a Dios Uno y Trino. Fundan, animan y caracterizan el obrar moral del cristiano. Informan y vivifican todas las virtudes morales.

247. *¿Cómo actúa la fe?*

1814
1842
La fe es la virtud teologal por la que creemos en Dios y en todo lo que nos ha dicho y revelado, y que la Santa Iglesia nos propone, porque Él es la verdad misma. Por la fe, el hombre se entrega entera y libremente a Dios. [12]

248. *¿Cómo actúa la esperanza?*

1843
Por la esperanza deseamos y esperamos de Dios, con una firme confianza, la vida eterna y las gracias para merecerla.

249. *¿Cómo actúa la caridad?*

1844
Por la caridad amamos a Dios sobre todas las cosas y a nuestro prójimo como a nosotros mismos, por amor a Dios. Es el vínculo de la perfección (Col 3,14) y la forma de todas las virtudes.

250. *¿Cuáles son los siete dones del Espíritu Santo?*

Los siete dones del Espíritu Santo conce- 1845
didos a los cristianos son: sabiduría, entendimiento, consejo, fortaleza, ciencia, piedad y
temor de Dios

El pecado

251. *¿Qué es el pecado?*

El pecado es una palabra, un acto o un 1871
deseo contrarios a la ley eterna. Es una ofensa
a Dios.

Se alza contra Dios en una desobediencia contraria a la obediencia de Cristo.

252. *¿El pecado es contrario a la naturaleza*
del hombre?

Sí. El pecado es un acto contrario a la ra- 1872
zón, lesiona la naturaleza del hombre y atenta
contra la solidaridad humana.

253. *¿Dónde está la raíz de todos los pecados?*

La raíz de todos los pecados está en el 1873
corazón del hombre.

254. *¿Cómo se mide la especie y la gravedad*
de los diversos pecados?

Su especie y gravedad se miden, princi- 1873
palmente por su objeto.

255. *¿Cuál es la distinción fundamental de los*
pecados?

1854   La distinción entre pecado mortal y venial.

Esta distinción, perceptible ya en la Escritura, se ha impuesto en la Tradición de la Iglesia.

256. ¿Cuándo se comete pecado mortal?

1874   Se comete pecado mortal cuando se elige deliberadamente, es decir, sabiéndolo y queriéndolo, una cosa gravemente contraria a la ley divina y al fin último del hombre.

257. ¿Cuáles son las consecuencias del pecado mortal?

1861
1874   Las consecuencias del pecado mortal son la pérdida de la caridad, la privación de la gracia santificante, la exclusión del Reino de Cristo y la muerte eterna del infierno.

258. ¿Cuándo se comete pecado venial?

1862   Se comete pecado venial cuando no se observa, en una materia leve, la medida prescrita por la ley moral, o cuando se desobedece la ley moral en materia grave, pero sin pleno conocimiento o sin entero consentimiento.

259. ¿Cómo se puede reparar el pecado venial?

1875   El pecado venial puede repararse por la caridad.

260. ¿Qué consecuencias tiene la repetición del pecado?

La repetición de pecados, incluso venia- 1876
les, engendra vicios, entre los cuales se distin- 1866
guen los pecados capitales, que son la sober-
bia, la avaricia, la envidia, la ira, la lujuria, la
gula, la pereza.

Capítulo segundo

La comunidad humana

LA PERSONA Y LA SOCIEDAD

261. *¿Necesita el hombre la sociedad?*

La persona humana necesita la sociedad 1891
para desarrollarse conforme a su naturaleza.
Ciertas sociedades, como la familia y la ciudad, corresponden a
la naturaleza humana.

262. *¿Qué relación existe entre la persona y la
sociedad?*

El principio, el sujeto y el fin de todas las 1892
instituciones sociales es y debe ser la persona
humana.

263. *¿Qué es el principio de la subsidiaridad?*

Ni el Estado ni ninguna sociedad más 1894
amplia deben suplantar la iniciativa y la responsabilidad de las personas y de las corpora-
ciones intermedias

264. *¿Debe la sociedad favorecer los valores morales?*

1895   Sí, la sociedad debe favorecer el ejercicio de las virtudes y no ser obstáculo para ellas. Debe inspirarse en una justa jerarquía de valores.

265. *¿Qué se puede hacer allí donde el pecado pervierte el clima social?*

1896   Donde el pecado pervierte el clima social es preciso apelar a la conversión de los corazones y a la gracia de Dios. La caridad empuja a reformas justas. No hay solución a la cuestión social fuera del Evangelio.

LA PARTICIPACIÓN EN LA VIDA SOCIAL

266. *¿Es verdad que toda autoridad viene de Dios?*

1919
1920   Sí, en el sentido que toda comunidad humana necesita una autoridad para mantenerse y desarrollarse. Por eso la autoridad pertenece al orden establecido por Dios.

267. *¿Cuándo se ejerce la autoridad legítimamente?*

1921   La autoridad se cjerce legítimamente cuando se aplica a la prosecución del bien común de la sociedad.
Pala alcanzarlo, debe emplear medios moralmente aceptables.

268. *¿Qué es el bien común?*

El bien común es "el conjunto de aquellas 1924 condiciones de la vida social que permiten a los grupos y a cada uno de sus miembros conseguir más plena y fácilmente su propia perfección".

269. *¿Cuáles son los elementos esenciales del bien común?*

Los elementos esenciales del bien común 1925 son tres: el respeto y la promoción de los derechos fundamentales de la persona; la prosperidad o el desarrollo de los bienes espirituales y temporales de la sociedad; la paz y la seguridad del grupo y de sus miembros.

270. *¿Es obligatorio buscar el bien común?*

La dignidad de la persona humana obli- 1926 ga a buscar el bien común. Cada quien debe preocuparse por despertar y sostener instituciones que mejoren las condiciones de vida humana.

271. *¿A quién corresponde defender y promover el bien común?*

Corresponde al Estado defender y promo- 1927 ver el bien común de la sociedad civil.

El bien común de toda la familia humana requiere una organización de la sociedad internacional.

La justicia social

272. *¿Cómo asegura la sociedad la justicia social?*

1943   La sociedad asegura la justicia social procurando las condiciones que permitan a las asociaciones y a los individuos obtener lo que les es debido.

273. *¿Qué exige el respeto a la persona humana?*

1944   El respeto a la persona humana exige considerar al prójimo como "otro yo". Supone el respeto a los derechos fundamentales que se derivan de la dignidad intrínseca de la persona.

274. *¿En qué se funda la igualdad entre los hombres?*

1945   La igualdad entre los hombres se funda en la dignidad de la persona y en los derechos que se derivan de ella.

275. *¿A qué obedecen las diferencias entre los hombres?*

1946   Las diferencias entre las personas obedecen al plan de Dios que quiere que nos necesitemos los unos a los otros. Estas diferencias deben alentar la caridad.

276. *¿No se debe, entonces, tender a la igualdad?*

Sí, la igual dignidad de las personas humanas exige el esfuerzo de reducir las excesivas desigualdades sociales y económicas. Impulsa la desaparición de las desigualdades injustas. [1947]

277. *¿Qué es la solidaridad?*

La solidaridad es una virtud eminentemente cristiana. Es ejercicio de comunicación de los bienes espirituales aún más que comunicación de bienes materiales. [1942] [1948]

"Busquen primero el Reino de Dios y su justicia, y todas esas cosas se les darán por añadidura". (Mt 6, 33)

Capítulo tercero

La salvación de Dios: la ley y la gracia

La ley moral

278. *¿Qué es la ley?*

La ley es una instrucción paternal de Dios que prescribe al hombre los caminos que llevan a la bienaventuranza prometida y prohíbe los caminos del mal. [1975] [1976]

La ley es una ordenación de la razón para el bien común, promulgada por el que está a cargo de la comunidad.

279. *¿Qué es la ley natural?*

1978   La ley natural es una participación en la sabiduría y en la bondad de Dios por parte del hombre, formado a imagen de su Creador.

Expresa la dignidad de la persona humana y constituye la base de sus derechos y sus deberes fundamentales.

280. *¿La ley natural es inmutable?*

1979   La ley natural es inmutable y permanente a través de la historia. Las normas que la expresan son siempre substancialmente válidas.

Es la base necesaria para la edificación de las normas morales y la ley civil.

281. *¿Qué es la "Ley antigua"?*

1980   La Ley antigua es la primera etapa de la
1982   Ley revelada.

Sus prescripciones morales se resumen en los diez mandamientos. La ley antigua es preparación al Evangelio.

282. *¿Qué relación hay entre la Ley antigua y la ley natural?*

1981   La Ley antigua o de Moisés contiene muchas verdades naturalmente accesibles a la razón. Dios las ha revelado porque los hombres no las leían en su corazón. [312]

283. *¿Qué particularidad fundamental tiene la "Ley nueva"?*

1983   La Ley nueva es la gracia del Espíritu Santo recibida mediante la fe en Cristo, que opera por la caridad

Se expresa especialmente en el Sermón del Señor en la montaña y utiliza los sacramentos para comunicarnos su gracia. [129 ss, 291]

284. *¿Qué relación hay entre la Ley antigua y la Ley nueva o Ley evangélica?*

La Ley evangélica cumple, supera y lleva 1984
a su perfección la Ley antigua:
Sus promesas por medio de las bienaventuranzas del Reino de los cielos; sus mandamientos, reformando el corazón, que es la raíz de los actos.

285. *¿Cuáles son las notas esenciales de la Ley nueva?*

La Ley nueva es ley de amor, ley de gra- 1985
cia, ley de libertad.

286. *¿La Ley nueva contiene sólo los preceptos?*

Más allá de los preceptos, la Ley nueva 1986
contiene los consejos evangélicos. La santidad
de la Iglesia también se fomenta de manera
especial con los múltiples consejos que el Señor propone en el Evangelio a sus discípulos
para que los practiquen.

Gracia y justificación

287. *¿Qué nos da la gracia del Espíritu Santo?*

La gracia del Espíritu Santo nos da la 2017
justicia de Dios.
El Espíritu, uniéndonos por medio de la fe y el Bautismo a la Pasión y a la Resurrección de Cristo, nos hace participar de su vida.

288. *¿Qué es la justificación?*

Es el paso del estado de pecado al estado de gracia por la que el pecador se vuelve justo.

289. *¿Qué comprende la justificación?*

2018
2019
La justificación comprende la remisión de los pecados, la santificación y la renovación del hombre interior. [175]

La justificación presenta dos aspectos. Bajo la moción de la gracia, el hombre se vuelve a Dios y se aparta del pecado, acogiendo el perdón y la justicia de Dios.

290. *¿Por qué es tan valiosa la justificación?*

2020
Porque la justificación nos fue merecida por la Pasión de Cristo.

Se nos concede por el Bautismo. Nos conforma con la justicia de Dios que nos hace justos. Tiene como finalidad la gloria de Dios y de Cristo y el don de la vida eterna. Es la obra más excelente de la misericordia de Dios.

291. *¿Qué es la gracia?*

2021
La gracia es el auxilio que Dios nos da para responder a nuestra vocación de llegar a ser sus hijos adoptivos.

Nos introduce en la intimidad de la vida trinitaria.

292. *¿Qué relación hay entre gracia y libertad?*

2022
La gracia previene, prepara y suscita la respuesta libre del hombre.

La gracia responde a las aspiraciones profundas de la libertad humana, y la llama a cooperar con ella, y la perfecciona.

293. *¿Qué es la gracia santificante.*

La gracia santificante es el don gratuito 2023
que Dios nos hace de su vida, infundida por el
Espíritu Santo en nuestra alma para curarla
del pecado y santificarla. La gracia santificante
nos hace agradables a Dios.

294. *¿Que son los carismas?*

Los carismas son gracias especiales del 2024
Espíritu Santo, que están ordenados a la gracia santificante y tienen por fin el bien común
de la Iglesia

295. *¿Qué son las gracias actuales?*

Son las intervenciones divinas con las que 2000
Dios inicia y lleva adelante la obra de nuestra
santificación.

296. *¿Cómo es posible tener méritos delante de
Dios?*

El hombre no tiene, por sí mismo, mérito 2025
ante Dios sino como consecuencia del libre designio divino de asociarlo a la obra de su gracia. El mérito pertenece a la gracia de Dios, en
primer lugar, y a la colaboración del hombre
en segundo lugar. El mérito del hombre retorna a Dios.

297. *¿De qué depende nuestro mérito?*

Del Espíritu Santo que, en virtud de nues- 2026
tra filiación divina, puede conferir un verda-

dero mérito según la justicia gratuita de Dios. La caridad es en nosotros la principal fuente de méritos ante Dios.

298. *¿Se puede merecer la primera gracia con la que comienza la conversión?*

2027　　Nadie puede merecer la gracia primera que constituye el inicio de la conversión. Bajo la moción del Espíritu Santo podemos merecer en favor nuestro y de los demás todas las gracias útiles para llegar a la vida eterna, como también los necesarios bienes temporales. [174]

299. *¿En qué consiste la santidad cristiana?*

2013　　La santidad cristiana consiste en la perfección de la caridad.

300. *¿Quién está llamado a la santidad?*

2028　　Están llamados a la santidad todos los fieles, es decir, a la plenitud de la vida cristiana y a la perfección de la caridad.

301. *¿Hay algún camino obligado para la santidad?*

2029　　Sí, el camino de la perfección pasa por la cruz. "Si alguno quiere venir en pos de mí, niéguese a sí mismo, tome su cruz y sígame" (Mt 16,24).

La Iglesia, Madre y Educadora

302. *¿Existe alguna conexión entre liturgia y vida moral?*

Sí. La vida moral es un culto espiritual. El obrar cristiano se alimenta en la liturgia y la celebración de los sacramentos. [2047]

303. *¿A qué se refieren los mandamientos de la Iglesia?*

Los mandamientos de la Iglesia se refieren a la vida moral y cristiana, unida a la liturgia y la celebración de los sacramentos. [2048]

304. *¿Cuáles son los mandamientos de la Iglesia?*

Los mandamientos más generales de la santa Madre Iglesia son cinco: [2042] [2043]

1. Oír misa entera los domingos y demás fiestas de precepto y no realizar trabajos serviles.

2. Confesar los pecados al menos una vez al año.

3. Recibir el sacramento de la Eucaristía al menos en pascua.

4. Abstenerse de comer carne y ayunar en los días establecidos por la Iglesia.

5. Ayudar en sus necesidades a la Iglesia.

2049 **305.** *¿Dónde se ejerce ordinariamente el Magisterio de la Iglesia en materia moral?*

El Magisterio de la Iglesia se ejerce ordinariamente en la catequesis y la predicación, tomando como base el Decálogo que enuncia los principios de la vida moral válidos para todo hombre.

306. *¿El Papa y los obispos pueden dar directivas en el campo moral?*

2050   Sí, el Papa y los obispos, como maestros auténticos, predican al pueblo de Dios la fe que debe ser creída y aplicada a las costumbres. A ellos corresponde también pronunciarse sobre las cuestiones morales que atañen a la ley natural y a la razón.

307. *La infalibilidad del Magisterio ¿se extiende también a la moral?*

2051   Sí, la infalibilidad del Magisterio se extiende a todos los elementos de la doctrina, comprendida la moral, sin los cuales las verdades salvíficas de la fe no pueden ser salvaguardadas, expuestas u observadas.

Los diez mandamientos

308. *¿Cuáles son los diez mandamientos?*
Los diez mandamientos son:

1. Amarás a Dios sobre todas las cosas.
2. No tomarás el nombre de Dios en vano.
3. Santificarás las fiestas.
4. Honrarás a tu padre y a tu madre.
5. No matarás.
6. No cometerás actos impuros.
7. No robarás.
8. No darás falso testimonio ni mentirás.
9. No consentirás pensamientos ni deseos impuros.
10. No codiciarás los bienes ajenos.

309. *¿Quién nos dio los diez mandamientos?*
Dios nos dio los diez mandamientos por 2056 medio de Moisés

310. *¿Son válidos hoy los diez mandamientos?*
Sí. Al joven que le pregunta ¿qué he de ha- 2052 cer yo de bueno para conseguir la vida eterna?, 2078 Jesús le responde: "Si quieres entrar en la vida,

cumple los mandamientos" (Mt 19,16-17)

Fiel a la Escritura y siguiendo el ejemplo de Jesús, la Tradición de la Iglesia ha reconocido en el Decálogo una importancia y una significación primordiales.

311. *¿Son independientes unos mandamientos de los otros?*

2069
2079
No, los mandamientos forman un todo indisociable.

Cada uno de ellos remite a cada uno de los demás y al conjunto; se condicionan recíprocamente. Quebrantar un mandamiento es quebrantar todos los demás.

312. *¿El Decálogo se refiere solamente a la Alianza de Dios con su pueblo o también a la ley natural?*

2080
El Decálogo contiene una expresión privilegiada de la ley natural. Lo conocemos por la revelación divina y por la razón humana. [282]

313. *¿Los mandamientos obligan bajo pena de pecado grave?*

2081
Los diez mandamientos, en su contenido fundamental, enuncian obligaciones graves. Sin embargo, la obediencia a estos preceptos implica también obligaciones cuya materia es, en sí misma, leve.

314. *¿Es posible guardar los mandamientos?*

2082
Sí. Dios hace posible, por su gracia, lo que manda.

315. *¿Cómo resumió Jesús los diez mandamientos?*

Cuando le hacen la pregunta: "¿Cuál es 2055 el mandamiento mayor de la ley?" (Mt 2,36), Jesús responde: "Amarás al Señor tu Dios con todo tu corazón, con toda tu alma y con toda tu mente. Este es el mayor y el primer mandamiento. El segundo es semejante a éste: Amarás a tu prójimo como a ti mismo. En estos dos mandamientos se fundan toda la Ley y los profetas" (Mt 22,37-40).

Capítulo primero

Amarás al Señor tu Dios con todo tu corazón, con toda tu alma, y con todas tus fuerzas

EL PRIMER MANDAMIENTO:

ADORARÁS AL SEÑOR
TU DIOS Y LE SERVIRÁS

316. *¿Qué manda el primer mandamiento?*

El primer mandamiento nos manda creer 2134 en Dios, esperar en Él y amarlo sobre todas las cosas. Esto pertenece a la virtud de la religión.

2135 **317.** *¿Cuáles son los actos de la virtud de la religión?*

Los actos de la virtud de la religión son adorar a Dios, orar a Él, ofrecerle el culto que se le debe y cumplir las promesas y los votos que se le han hecho.

318. *¿El deber de dar culto a Dios corresponde sólo a las personas individualmente tomadas?*

2136   No, el deber de dar culto auténtico a Dios
2137   corresponde al hombre individual y socialmente considerado. Por lo cual el hombre debe poder profesar libremente la religión en público y en privado.

319. *¿Qué es la superstición?*

2138   La superstición es una desviación del culto que debemos al verdadero Dios, la cual conduce a la idolatría y a distintas formas de adivinación y de magia.

320. *¿Qué otros pecados hay contra el primer mandamiento?*

2139   La acción de poner a prueba a Dios de
2140   palabra o de obra, el sacrilegio y la simonía son pecados de irreligión prohibidos por el primer mandamiento. Lo es también el ateísmo, en cuanto niega o rechaza la existencia de Dios.

321. *¿El culto de las imágenes va contra el primer mandamiento?*

No, el culto de las imágenes sagradas está 2141 fundado en el misterio de la Encarnación del Verbo de Dios. No es contrario al primer mandamiento.

EL SEGUNDO MANDAMIENTO:

NO TOMARÁS EL NOMBRE DE DIOS EN VANO

322. *¿Qué cosa ordena el segundo mandamiento?*

El segundo mandamiento ordena respeto 2161 al nombre del Señor. El nombre del Señor es santo.

323. *¿Qué cosa prohíbe el segundo mandamiento?*

El segundo mandamiento prohíbe todo 2162 uso inconveniente del nombre de Dios. La blas- 2163 femia consiste en usar de una manera injuriosa el nombre de Dios, de Jesucristo, de la Virgen María y de los santos. Prohíbe también el juramento en falso, que invoca a Dios como testigo de una mentira. [427]

324. *¿Debemos recordar con frecuencia el nombre de Dios?*

2166   Sí. El cristiano comienza sus oraciones y sus acciones haciendo la señal de la cruz "en el nombre del Padre y del Hijo y del Espíritu Santo. Amén".

EL TERCER MANDAMIENTO:

SANTIFICARÁS LAS FIESTAS

325. *¿Cuáles son los días de fiesta?*

2177
2192   El domingo, en el que se celebra el misterio pascual, por tradición apostólica, ha de observarse en toda la Iglesia como fiesta primordial de precepto. Igualmente deben observarse los días de Navidad y Epifanía, Ascensión, el Cuerpo y la Sangre de Cristo, Santa María, Madre de Dios, Inmaculada Concepción y Asunción, San José, Santos Apóstoles Pedro y Pablo y finalmente, Todos los Santos.

El domingo y las demás fiestas de precepto, los fieles tienen obligación de participar en la Misa.

325a. *¿Cuál es la situación de México con respecto a los días festivos?*

La Conferencia Episcopal Mexicana, con aprobación de la Sede Apostólica:

1o. ha pasado al domingo la celebración de la Epifanía y de la Ascensión;

2o. ha dejado únicamente como días de precepto, además de todos los domingos: Santa María, Madre de Dios, 1o. de enero; el Cuerpo y la Sangre de Cristo (Corpus Christi), segundo jueves después de Pentecostés; Nuestra Señora de Guadalupe, 12 de diciembre; y la Natividad del Señor, 25 de diciembre;

3o. y ha suprimido los restantes, como días de precepto.

326. *¿Qué descanso obliga los días de precepto?*

El domingo y los demás días de precepto 2193 los fieles se abstendrán de aquellos trabajos y actividades que impidan dar culto a Dios, gozar de la alegría propia del día del Señor o disfrutar del debido descanso de la mente y del cuerpo. [304]

327. *¿Qué significado social tiene la institución del domingo?*

La institución del domingo contribuye a 2194 que todos disfruten de un reposo y ocio sufi- 2195 cientes para cultivar la vida familiar, cultural, social y religiosa.

Todo cristiano debe evitar imponer a otro impedimentos para guardar el día del Señor.

Capítulo Segundo

Amarás a tu prójimo
como a ti mismo

EL CUARTO MANDAMIENTO:

HONRARÁS A TU PADRE Y A TU MADRE

328. *¿Qué significa este mandamiento?*

2248   Dios quiere que después de honrarlo, honremos a nuestros padres y a los que Él reviste de autoridad para nuestro bien.

329. *¿Cuáles son las obligaciones de los hijos para con los padres?*

2251   Los hijos deben a sus padres respeto, gratitud, justa obediencia y ayuda.
El respeto filial favorece la armonía de toda la vida familiar.

330. *¿Cuáles son los deberes de los padres para con sus hijos?*

2252   Los padres son los primeros responsables de la educación de sus hijos, en la fe, en la oración y en todas las virtudes. Tienen el deber de atender, en la medida de lo posible, las necesidades materiales y espirituales de sus hijos.

331. *¿Cuáles son los deberes de la autoridad pública?*

La autoridad pública está obligada a respetar los derechos fundamentales de la persona humana y las condiciones del ejercicio de su libertad. 2254

332. *¿Cuáles son los deberes del ciudadano?*

El deber de los ciudadanos es cooperar con las autoridades civiles en la construcción de la sociedad en un espíritu de verdad, justicia, solidaridad y libertad. 2255

333. *¿El ciudadano debe obedecer en conciencia las leyes en cualquier caso?*

No, el ciudadano no está obligado en conciencia a obedecer las leyes de las autoridades civiles cuando son contrarias a las exigencias del orden moral. "Hay que obedecer a Dios antes que a los hombres" (Hech 5,29). 2256

334. *¿La sociedad civil puede prescindir del Evangelio?*

No, toda sociedad refiere sus juicios y su conducta a una visión del hombre y de su destino. Si se prescinde de la luz del Evangelio sobre Dios y sobre el hombre, las sociedades se hacen fácilmente "totalitarias". 2257

EL QUINTO MANDAMIENTO:

NO MATARÁS

335. ¿Por qué está prohibido matar?

2320   Está prohibido matar porque toda vida humana, desde el momento de la concepción hasta la muerte, es sagrada.

Dios vivo y santo ama por sí misma a la persona humana, hecha por Él a su imagen y semejanza. Causar la muerte a un ser humano es gravemente contrario a la dignidad de la persona y a la santidad del Creador.

336. ¿Es lícita la defensa personal?

2321   Sí, la prohibición de causar la muerte no suprime el derecho de impedir que un injusto agresor cause daño.

La legítima defensa es un deber grave para quien es responsable de la vida de otro o del bien común.

337. ¿Qué se debe pensar del aborto?

2322   Desde su concepción, el niño tiene derecho a la vida. El aborto directo, es decir, buscado como un fin o como un medio, es una práctica infame, gravemente contraria a la ley moral.

La Iglesia sanciona con pena canónica de excomunión este delito contra la vida humana.

338. ¿Cuál debe ser el tratamiento al embrión?

2323   El embrión debe ser defendido en su integridad, atendido y cuidado médicamente como cualquier otro ser humano, porque ha de ser tratado como una persona humana desde su concepción.

339. *¿Qué pensar de la eutanasia?*

La eutanasia voluntaria, cualesquiera 2324 que sean sus formas y sus motivos, constituye un homicidio. Es gravemente contraria a la dignidad de la persona humana y al respeto de Dios vivo, su Creador.

340. *¿Qué pensar del suicidio?*

El suicidio es gravemente contrario a la 2281 justicia, a la esperanza y a la caridad. Está prohibido por el quinto mandamiento.

341. *¿Qué es el escándalo?*

Es la actitud o el comportamiento que in- 2284 duce a otro a hacer el mal. Constituye una falta 2285 grave cuando por acción u omisión arrastra de- 2326 liberadamente a otro a pecar gravemente.

342. *¿Qué se debe pensar de la guerra?*

A causa de los males y de las injusticias 2327 que ocasiona toda guerra, debemos hacer todo lo que es razonablemente posible para evitarla. La Iglesia implora así: "Del hambre, de la peste y de la guerra, líbranos Señor".

343. *En caso de guerra ¿vale todavía la ley moral?*

2328 Sí, la Iglesia y la razón humana afirman la validez permanente de la ley moral durante los conflictos armados. Las prácticas deliberadamente contrarias al derecho de gentes y a sus principios universales, son crímenes.

344. *¿Cómo juzgar la carrera de armamentos?*

2329 La carrera de armamentos es una plaga gravísima de la humanidad y perjudica de modo intolerable a los pobres.

EL SEXTO MANDAMIENTO:

NO COMETERÁS ACTOS IMPUROS

345. *¿Qué es la virtud de la castidad?*

2337
2341
2349 La castidad significa la integración de la sexualidad en la persona y, por ello, en la unidad interior del hombre, en su ser corporal y espiritual. Forma parte de la virtud cardinal de la templanza, que tiende a impregnar de racionalidad las pasiones y los apetitos de la sensibilidad humana.

346. *¿Cuáles son los pecados gravemente contrarios a la castidad?*

2396 Entre los pecados gravemente contrarios a la castidad se deben citar la masturbación, la fornicación, las actividades pornográficas y las prácticas homosexuales.

347. *¿Qué implica la alianza libremente contraída por los esposos?*

La alianza que los esposos contraen libre- 2397
mente implica un amor fiel. Les impone la obligación de guardar indisoluble su matrimonio.

348. *¿Qué es la fecundidad en el matrimonio?*

La fecundidad en el matrimonio es un 2398
bien, un don, un fin del matrimonio. Dando la
vida, los esposos participan de la paternidad
de Dios.

349. *¿Es lícita la regulación de la natalidad?*

Sí. La regulación de la natalidad repre- 2399
senta uno de los aspectos de la paternidad y de
la maternidad responsables. La legitimidad de
las intenciones de los esposos no justifica el recurso a medios moralmente reprobables (p. ej.
la esterilización directa o la anticoncepción).

350. *¿Cómo realizar la regulación?*

Por medio de la continencia periódica y el 2370
recurso a los períodos infecundos.

351. *¿Cuáles son las principales ofensas a la dignidad del matrimonio?*

El adulterio y el divorcio, la poligamia y 2400
la unión libre son ofensas graves a la dignidad
del matrimonio.

EL SÉPTIMO MANDAMIENTO:

NO ROBARÁS

352. *¿Qué ordena el séptimo mandamiento?*

2451   El séptimo mandamiento ordena la práctica de la justicia y de la caridad en el uso de los bienes terrenos y de los frutos del trabajo de los hombres.

353. *¿A quiénes están destinados los bienes de la creación?*

2452   Los bienes de la creación están destinados a todo el género humano. El derecho a la propiedad privada no anula el destino universal de los bienes.

354. *¿Qué prohíbe el séptimo mandamiento?*

2453   El séptimo mandamiento prohíbe el robo.

2454 El robo es la usurpación del bien ajeno contra la voluntad razonable de su dueño. Toda manera de tomar y usar injustamente un bien ajeno es contraria al séptimo mandamiento. La injusticia cometida exige reparación . La justicia conmutativa impone la restitución del bien robado.

355. *¿Qué pensar de la esclavitud?*

2455   La ley moral prohíbe los actos que, con fines mercantiles o totalitarios, llevan a escla-

vizar a los seres humanos, a comprarlos, ven-
derlos y cambiarlos como si fueran mercancías.

356. *¿Tiene el hombre dominio absoluto sobre
la naturaleza?*

El dominio, concedido por el Creador so- 2456
bre los recursos minerales, vegetales y animales del universo, no puede ser separado del respeto de las obligaciones morales frente a todos
los hombres, incluidos los de las generaciones
venideras.

357. *¿Cómo se deben tratar los animales?*

Los animales están confiados a la admi- 2457
nistración del hombre, que les debe benevolencia. Pueden servir a la justa satisfacción de las
necesidades del hombre.

358. *¿Se preocupa también la Iglesia de los pro-
blemas económicos y sociales?*

Sí, la Iglesia pronuncia un juicio en ma- 2458
teria económica y social cuando lo exigen los
derechos fundamentales de la persona o su
salvación. Cuida del bien común temporal de
los hombres en razón de su ordenación al supremo Bien, nuestro fin último.

359. *¿Qué relación hay entre el hombre y la eco-
nomía?*

El hombre es el autor, el centro y el fin de 2459
toda la vida económica y social. El punto deci-

sivo de la cuestión social estriba en que los bienes creados por Dios para todos lleguen de hecho a todos, según la justicia y con la ayuda de la caridad.

360. *¿Cuál es el valor primordial del trabajo?*

2460   El valor primordial del trabajo toca al hombre mismo, que es su autor y su destinatario. Mediante su trabajo, el hombre participa en la obra de la creación. Unido a Cristo, el trabajo puede ser redentor.

361. *¿Cuál es el desarrollo económico y social verdadero?*

2461   El desarrollo verdadero es el del hombre en su integridad. Se trata de hacer crecer la capacidad de cada persona a fin de responder a su vocación y, por lo tanto a la llamada de Dios.

362. *¿Cuál es el valor y el significado de la limosna?*

2462   La limosna hecha a los pobres es un testimonio de caridad fraterna; es también una práctica de justicia que agrada a Dios.

363. *¿Con qué mirada debemos ver a los pobres?*

2463   En la multitud de seres humanos sin pan, sin techo, sin patria, hay que reconocer a Lázaro, el mendigo hambriento de la parábola. En dicha multitud hay que oír a Jesús que dice: "Cuanto dejaron ustedes de hacer con uno de éstos, también conmigo dejaron de hacerlo" (Mt 25,45).

EL OCTAVO MANDAMIENTO:

NO DARÁS FALSO TESTIMONIO NI MENTIRÁS

364. *¿En qué consiste la virtud de la veracidad?*

La veracidad es la virtud que consiste en mostrarse verdadero en sus actos y en sus palabras, evitando la duplicidad, la simulación y la hipocresía. 2505

365. *¿Qué testimonio debe dar el cristiano?*

El cristiano no debe "avergonzarse de dar testimonio del Señor" (2 Tim 1,8) en obras y palabras. El martirio es el supremo testimonio de la verdad de la fe. 2506

366. *¿Cuáles son los principales pecados contra el octavo mandamiento?*

Son la mentira, el falso testimonio, el perjurio, la meledicencia, la calumnia y el juicio temerario. 2476 2477

367. *¿Qué es la mentira?*

La mentira consiste en decir algo falso con intención de engañar al prójimo. La gravedad de la mentira se mide según la naturaleza de la 2508 2484 verdad que deforma, según las circunstancias, las intenciones del que la comete y los daños padecidos por los que resultan perjudicados.

368. *¿Qué son el falso testimonio y el perjurio?*

2476   Una afirmación contraria a la verdad posee una gravedad particular cuando se hace públicamente. Ante un tribunal viene a ser un falso testimonio. Cuando es pronunciada bajo juramento se trata de perjurio.

369. *¿Qué es la maledicencia?*

2477   La maledicencia es manifestar, sin razón objetivamente válida, los defectos y las faltas de otros, a personas que los ignoran.

370. *¿Qué son la calumnia y el juicio temerario?*

2477   La calumnia es la afirmación contraria a la verdad que daña la reputación de otra persona y da ocasión a juicios falsos respecto a ella. El juicio temerario consiste en admitir como verdadero un defecto moral en el prójimo, sin tener para ello fundamento suficiente.

371. *¿Es preciso guardar siempre el secreto?*

2511   El secreto sacramental es inviolable. Los secretos profesionales deben ser guardados.

     Las confidencias perjudiciales a otros no deben ser divulgadas.

372. *¿Cuáles son los derechos de la sociedad en el campo de la información?*

La sociedad tiene derecho a una informa- 2512
ción fundada en la verdad, la libertad y la justicia. Es preciso imponerse moderación y dis-
ciplina en el uso de los medios de comunicación social.

373. *¿Qué exige una falta cometida contra la*
verdad?

Una falta cometida en contra de la ver- 2509
dad exige reparación.

374. *¿Por qué la Iglesia patrocina las obras de*
arte?

Las bellas artes, sobre todo el arte sacro, 2513
están relacionadas por su naturaleza con la infinita belleza divina, que se intenta expresar
de algún modo en las obras humanas. Y tanto
más se consagran a Dios y contribuyen a su
alabanza y a su gloria, cuanto más lejos están
de todo propósito que no sea colaborar lo más
posible con sus obras a dirigir piadosamente a
los hombres hacia Dios.

El noveno mandamiento:

No consentirás pensamientos
ni deseos impuros

375. *¿Qué ordena el noveno mandamiento?*

El noveno mandamiento ordena no con- 2529
sentir pensamientos ni deseos impuros.

376. *¿Cómo se puede luchar contra la concupiscencia de la carne?*

2530   Contra la concupiscencia de la carne se puede luchar por medio de la purificación del corazón y la práctica de la templanza.

377. *¿Por qué es importante la pureza de corazón?*

2531   Es importante la pureza de corazón porque nos da desde ahora la capacidad de ver, según Dios, todas las cosas. La pureza de corazón nos alcanzará el ver a Dios.

378. *¿Cómo se puede alcanzar la pureza de corazón?*

2532   La pureza de corazón se puede alcanzar con la oración, con la práctica de la castidad y la pureza de intención y de mirada.

379. *¿Qué nos recuerda además el noveno mandamiento?*

2521
2522   El noveno mandamiento nos recuerda además que la pureza de corazón requiere el
2533   pudor, que es paciencia, modestia y discreción. El pudor preserva la intimidad de la persona.

EL DÉCIMO MANDAMIENTO:

NO CODICIARÁS LOS BIENES AJENOS

380. *¿Qué nos prohíbe el décimo mandamiento?*

El décimo mandamiento nos prohíbe el deseo desordenado, nacido de la pasión inmoderada, de las riquezas y del poder. 2552

381. *¿Qué cosa es envidia?*

Envidia es la tristeza que se experimenta ante el bien del prójimo y el deseo desordenado de apropiárselo. Es un pecado capital. 2553

382. *¿Cómo se puede combatir la envidia?*

Se combate la envidia por la benevolencia, la humildad y el abandono en la providencia de Dios 2554

383. *¿Es necesario el desprendimiento de las riquezas?*

Sí, es necesario el desprendimiento de las riquezas para entrar en el Reino de los cielos. 2556

"Bienaventurados los pobres de corazón" (Mt 5,3).

384. *¿Cuál debe ser el verdadero deseo del hombre?*

El verdadero deseo del hombre es: "Quiero ver a Dios". La sed de Dios es saciada por el agua de la vida eterna. 2557

CUARTA PARTE

LA ORACIÓN CRISTIANA

La oración en la vida cristiana

CAPÍTULO PRIMERO

La revelación de la oración
La llamada universal a la oración

385. *¿Qué es la oración?*

2590   La oración es la elevación del alma hacia Dios o la petición a Dios de bienes convenientes.

386. *¿A quién llama Dios a la oración?*

2591   Dios llama incansablemente a cada persona al encuentro misterioso con Él.
La oración acompaña toda la historia de la salvación como una llamada recíproca entre Dios y el hombre.

387. *¿Qué nos enseña el Antiguo Testamento a propósito de la oración?*

2568 ss.   El Antiguo Testamento nos presenta el ejemplo de grandes hombres de oración, como Abraham, Jacob, Moisés, David, los profetas, y nos ofrece el libro de los Salmos.

388. *¿Qué tan importantes son los Salmos?*

Los Salmos constituyen la obra maestra 2596
de la oración del Antiguo Testamento. Presentan dos componentes inseparables: personal y comunitario. Y cuando conmemoran las promesas de Dios ya cumplidas y esperan la venida del Mesías, abarcan todas las dimensiones de la historia.

389. *¿Son todavía útiles los Salmos?*

Los Salmos son útiles rezándolos con refe- 2597
rencia a Cristo y viendo su cumplimiento en Él. Los salmos son elemento esencial y permanente de la oración de su Iglesia. Se adaptan a los hombres de toda condición y de todo tiempo.

390. *¿Qué nos enseña el Nuevo Testamento a propósito de la oración?*

En el Nuevo Testamento el modelo per- 2620
fecto de oración se encuentra en la oración filial de Jesús. Hecha con frecuencia en la soledad, en lo secreto, la oración de Jesús entraña una adhesión amorosa a la voluntad del Padre hasta la cruz y una absoluta confianza en ser escuchada.

391. *¿Cómo debe ser la oración, según la enseñanza de Jesús?*

En su enseñanza, Jesús instruye a sus dis- 2621
cípulos para que oren con un corazón purificado, una fe viva y perseverante, una audacia fi-

lial. Los insta a la vigilancia y los invita a presentar sus peticiones a Dios en su nombre. Él mismo escucha las plegarias que se le dirigen.

392. *¿Qué características tiene la oración de la Virgen María?*

2622   La oración de la Virgen María, en su "fiat" ("hágase") y en su Magníficat se caracteriza por la ofrenda generosa de todo su ser en la fe.

393. *¿Quién es actualmente el maestro de la oración?*

2644   Hoy el maestro de la oración es el Espíritu Santo, que enseña a la Iglesia y le recuerda todo lo que Jesús dijo, la educa también en la vida de oración, suscitando expresiones que se renuevan dentro de unas formas permanentes de orar: bendición, petición, intercesión, acción de gracias y alabanza.

394. *¿Qué son estas formas de oración?*

2645   La oración de bendición es la respuesta del hombre a los dones de Dios.

2646   La oración de petición tiene como objeto el perdón, la búsqueda del Reino y cualquier necesidad verdadera.

2647   La oración de intercesión consiste en una petición en favor de otro. No conoce fronteras y se extiende hasta los enemigos.

2648   Toda alegría, toda pena y todo acontecimiento pueden ser motivo de oración de acción de gracias, que participando de la de Cristo, debe llenar la vida entera: "Den gracias en toda ocasión" (1 Tes 5,18).

La oración de alabanza, totalmente des- 2649 interesada, se dirige a Dios; canta para Él y le da gloria, no sólo por lo que ha hecho sino por lo que Él es.

Capítulo segundo

La tradición de la oración

395. *¿Cuáles son las principales fuentes de la oración?*

Las principales fuentes de la oración son 2662 la Palabra de Dios, la liturgia de la Iglesia y las virtudes de la fe, la esperanza y la caridad.

396. *¿A quién se dirige la oración?*

La oración está dirigida principalmente 2680 al Padre; igualmente se dirige a Jesús, en especial por la invocación de su santo Nombre: "Señor Jesucristo, Hijo de Dios, ten piedad de nosotros, pecadores". [40-43]

397. *¿Cuál es la función del Espíritu Santo en la oración?*

"Nadie puede decir: 'Jesús es Señor' sino 2681 por influjo del Espíritu Santo" (1 Cor 12,3). La Iglesia nos invita a invocar al Espíritu Santo como Maestro interior de la oración cristiana. [81, 91, 393]

398. *¿La Virgen María tiene un lugar en nuestra vida de oración?*

2682   Sí. Por su cooperación singular con la acción del Espíritu Santo, la Iglesia ora también en comunión con la Virgen María para ensalzar con ella las maravillas que Dios ha realizado en ella y para confiarle súplicas y alabanzas. [53, 108]

399. *¿Cuáles son las principales oraciones dirigidas a la Santísima Virgen?*

2676
2678   Las principales oraciones dirigidas a la Santísima Virgen son el Avemaría y el Rosario, que es como el compendio de todo el Evangelio.

400. *¿Se puede invocar también a los santos?*

2692   Sí se puede invocar a los santos.
En su oración la Iglesia peregrina se asocia con los santos, cuya intercesión solicita. [107]

401. *¿Cuál es el primer lugar de educación para la oración?*

2694   La familia cristiana es el primer lugar de educación para la oración.

402. *¿Quién nos puede ayudar en la oración?*

2695   Los ministros ordenados, la vida consagrada, la catequesis, los grupos de oración y la "dirección espiritual" aseguran en la Iglesia una ayuda para la oración.

403. *¿Cuáles son los lugares más favorables para la oración?*

Los lugares más favorables para la ora- 2696
ción son los altares familiares, los monasterios,
los santuarios de peregrinación y, sobre todo,
el templo, que es el lugar propio de la oración
litúrgica para la comunidad parroquial y el
lugar privilegiado de la adoración eucarística.

Capítulo tercero

La vida de oración

404. *¿A qué nos invita la Iglesia, en materia de oración?*

La Iglesia nos invita a una oración regula- 2720
da: oraciones diarias, Liturgia de las Horas, Eucaristía dominical, fiestas del año litúrgico. [137]

405. *¿Cuáles son las expresiones fundamentales de la oración?*

Son tres las expresiones fundamentales 2721
de la oración: la oración vocal, la meditación y
la oración contemplativa. Las tres tienen en
común el recogimiento del corazón.

406. *¿Qué es la oración vocal?*

La oración vocal, fundada en la unión del 2722
cuerpo con el espíritu en la naturaleza humana, asocia el cuerpo a la oración interior del co-

razón, a ejemplo de Cristo que ora a su Padre y enseña el "Padrenuestro" a sus discípulos.

407. ¿Qué es la meditación?

2723   La meditación es una búsqueda orante, que hace intervenir al pensamiento, la imaginación, la emoción, el deseo. Tiene por objeto la apropiación creyente de la realidad considerada, que es confrontada con la realidad de nuestra vida.

408. ¿Qué es la oración contemplativa?

2724   La oración contemplativa es la expresión sencilla del misterio de la oración. Es una mirada de fe, fijada en Jesús, una escucha de la Palabra de Dios, un silencioso amor. Realiza la unión con la oración de Cristo en la medida en que nos hace participar de su misterio.

409. ¿Qué esfuerzo exige de nosotros la oración?

2752   La oración exige de nosotros un esfuerzo y una lucha contra nosotros mismos y contra las astucias del Tentador. El combate de la oración es inseparable del "combate espiritual" necesario para actuar habitualmente según el Espíritu de Cristo: se ora como se vive, porque se vive como se ora.

410. ¿Cuáles son las dificultades principales de la oración?

Las dificultades principales de la oración 2754
son la distracción y la sequedad. El remedio
está en la fe, la conversión y la vigilancia del
corazón.

411. *¿Cuáles son las principales tentaciones
que amenazan la oración?*

Las principales tentaciones que amena- 2755
zan la oración son la falta de fe y la pereza
espiritual.

412. *¿Nuestra oración influye en los aconteci-
mientos?*

Si nuestra oración está resueltamente 2740
unida a la de Jesús, en la confianza y la auda- 2741
cia filial, obtendremos todo lo que pidamos en
su Nombre. La oración de Jesús hace de la oración cristiana una petición eficaz.

413. *¿Por qué el Señor retarda con frecuencia
el escucharnos?*

Porque quiere que nuestro deseo sea pro- 2737
bado en la oración. Así nos dispone para recibir lo que él está dispuesto a darnos.

414. *¿Qué hacer cuando nos parece que no somos escuchados?*

El Evangelio nos invita a examinar la con- 2737
formidad de nuestra oración con el deseo del 2756
Espíritu. Conformémonos con él y seremos escuchados.

415. *¿Cuándo debemos orar?*

2757   "Oren continuamente" (1 Tes 5,17). Orar es siempre posible. Es una necesidad vital. Oración y vida cristiana son inseparables.

SEGUNDA SECCIÓN

La oración del Señor: el "Padrenuestro"

RESUMEN DE TODO EL EVANGELIO

416. *¿Nos enseñó Jesús alguna oración en particular?*

2759   Sí, Jesús nos enseñó la oración del "Padrenuestro":

Padre nuestro, que estás en el cielo,
santificado sea tu nombre;
venga a nosotros tu reino;
hágase tu voluntad
en la tierra como en el cielo.
Danos hoy nuestro pan de cada día;
perdona nuestras ofensas,
como también nosotros perdonamos
a lo que nos ofenden;
no nos dejes caer en la tentación,
y líbranos del mal.

417. *¿En qué circunstancias nos enseñó Jesús esta oración?*

En respuesta a la petición de sus discípulos ("Señor, enséñanos a orar": Lc 11,1), Jesús les entrega la oración cristiana fundamental, el "Padrenuestro". Esta oración es el resumen de todo el Evangelio, la más perfecta de las oraciones. Es el corazón de las Sagradas Escrituras. 2773 2774

418. *¿Qué otro nombre tiene esta oración?*

Se llama "Oración dominical", porque nos viene del Señor Jesús, Maestro y modelo de nuestra oración. 2775

419. *¿Hace la Iglesia uso frecuente de esta oración?*

La Oración dominical es la oración por excelencia de la Iglesia. Forma parte integrante de las principales Horas del Oficio Divino y de la celebración de los sacramentos de la iniciación cristiana: Bautismo, Confirmación y Eucaristía. Inserta en la Eucaristía, manifiesta el carácter "escatológico" de sus peticiones, en la esperanza del Señor "hasta que venga" (1 Cor 11,26). 2776

"PADRE NUESTRO, QUE ESTÁS EN EL CIELO"

420. *¿Con qué disposiciones debemos rezar esta oración?*

2797   La confianza sencilla y fiel, y la seguridad humilde y alegre son las disposiciones propias del que reza el "Padrenuestro".

421. *¿Por qué podemos invocar a Dios como Padre?*

2798   Podemos invocar a Dios como "Padre" porque nos lo ha revelado el Hijo de Dios hecho hombre, en quien, por el Bautismo, somos incorporados y adoptados como hijos de Dios. [141]

422. *¿Con quién nos pone en comunión esta oración?*

2799   La Oración del Señor nos pone en comunión con el Padre y con su Hijo, Jesucristo. Al mismo tiempo, nos revela a nosotros mismos.

423. *¿Qué disposiciones debe provocar en nosotros el rezo del Padrenuestro?*

2800   Orar al Padre debe hacer crecer en nosotros la voluntad de asemejarnos a Él, así como debe fortalecer un corazón humilde y confiado.

424. *¿Qué nos recuerda la palabra "nuestro"?*

2801   Al decir Padre "nuestro", invocamos la nueva Alianza en Jesucristo, la comunión con la Santísima Trinidad y la caridad divina que se extiende por medio de la Iglesia a lo largo del mundo. [106, 107]

425. *¿Qué nos indica la expresión: "Que estás en el cielo"?*

"Que estás en el cielo" no designa un lu- 2802
gar, sino la majestad de Dios y su presencia en
el corazón de los justos. El cielo, la Casa del
Padre, constituye la verdadera patria hacia
donde tendemos y a la que ya pertenecemos.

LAS SIETE PETICIONES

426. *¿Cómo se pueden dividir las peticiones del Padrenuestro?*

En el Padre Nuestro, las tres primeras 2857
peticiones tienen por objeto la Gloria del Padre: la santificación del Nombre, la venida del
reino y el cumplimiento de la voluntad divina.
Las otras cuatro presentan al Padre nuestros
deseos: estas peticiones conciernen a nuestra
vida para alimentarla, o para curarla del pecado y se refieren a nuestro combate por la victoria del Bien sobre el Mal.

427. *¿Qué cosa pedimos con la primera petición: "santificado sea tu nombre"?*

Al pedir: "santificado sea tu nombre", en- 2858
tramos en el plan de Dios, la santificación de
su nombre —revelado a Moisés, después en Jesús— por nosotros y en nosotros, lo mismo que
en toda nación y en cada hombre.

428. *¿Qué pedimos en la segunda petición: "Venga a nosotros tu Reino"?*

2859   En la segunda petición, la Iglesia tiene principalmente a la vista el retorno de Cristo y la venida final del Reino de Dios. También ora por el crecimiento del Reino de Dios en el "hoy" de nuestras vidas.

429. *¿Qué pedimos en la tercera petición: "Hágase tu voluntad en la tierra como en el cielo"?*

2860   En la tercera petición rogamos al Padre que una nuestra voluntad a la de su Hijo para realizar su Plan de salvación en la vida del mundo.

430. *¿Qué pedimos en la cuarta petición: "Danos hoy nuestro pan de cada día"?*

2861   En la cuarta petición, al decir "danos", expresamos, en comunión con nuestros hermanos, nuestra confianza filial en nuestro Padre del cielo. "Nuestro pan" designa el alimento terrenal necesario para la subsistencia de todos y significa también el Pan de Vida: Palabra de Dios y Cuerpo de Cristo. Se recibe en el "hoy" de Dios, como el alimento indispensable, lo más esencial del festín del Reino que anticipa la Eucaristía.

431. *¿Qué pedimos en la quinta petición: "Perdona nuestras ofensas"?*

La quinta petición implora para nuestras 2862
ofensas la misericordia de Dios, la cual no puede penetrar en nuestro corazón si no hemos
sabido perdonar a nuestros enemigos, a ejemplo y con la ayuda de Cristo.

432. *¿Qué pedimos con la sexta petición: "No
nos dejes caer en la tentación"?*

Al decir: "No nos dejes caer en la tenta- 2863
ción", pedimos a Dios que no nos permita tomar el camino que conduce al pecado. Esta
petición implora el Espíritu de discernimiento
y de fuerza; solicita la gracia de la vigilancia y
la perseverancia final.

433. *¿Qué pedimos con la última petición: "Y
líbranos del mal"?*

En la última petición, "y líbranos del mal", 2864
el cristiano pide a Dios, con la Iglesia, que
manifieste la victoria, ya conquistada por Cristo, sobre el "príncipe de este mundo", sobre Satanás, el ángel que se opone personalmente a
Dios y a su plan de salvación.

434. *¿Qué significa el "Amén" final?*

El "Amén" final significa nuestro "fiat" 2865
respecto a las siete peticiones: "Así sea".

Apéndice 1

(Orden alfabético de los libros sagrados)

Abdías = Abd
Ageo = Ag
Amós = Am
Apocalipsis = Apoc
Baruc = Bar
Cantar de los Cantares = Cant
Carta de Jeremías = CJer
Colosenses = Col
1 Corintios = 1 Cor
2 Corintios = 2 Cor
1 Crónicas = 1 Cró
2 Crónicas = 2 Cró
Daniel = Dn
Deuteronomio = Deut
Eclesiastés = Ecli
Eclesiástico = Eclo
Efesios = Ef
Esdras = Esd
Ester = Est
Exodo = Ex
Ezequiel = Ez
Filemón = Fil
Filipenses = Flp
Gálatas = Gál
Génesis = Gén
Habacuc = Hab
Hebreos = Heb
Hechos de los Apóstoles = Hech
Isaías = Is
Jeremías = Jer
Job = Job
Joel = Jl
Jonás = Jon
Josué = Jos
Juan = Jn
1 Juan = 1 Jn
2 Juan = 2 Jn
3 Juan = 3 Jn

Judas = Jds
Judit = Jdt
Jueces = Jue
Lamentaciones = Lam
Levítico = Lev
Lucas = Lc
1 Macabeos = 1 Mac
2 Macabeos = 2 Mac
Malaquías = Mal
Marcos = Mc
Mateo = Mt
Miqueas = Miq
Nahum = Nah
Nehemías = Neh
Números = Núm
Oseas = Os
1 Pedro = 1 Pe
2 Pedro = 2 Pe
Proverbios = Prov
1 Reyes = 1 Re
2 Reyes = 2 Re
Romanos = Rom
Rut = Rut
Sabiduría = Sab
Salmos = Sal
1 Samuel = 1 Sam
2 Samuel = 2 Sam
Santiago = Sant
Sofonías = Sof
1 Tesalonicenses = 1 Tes
2 Tesalonicenses = 2 Tes
1 Timoteo = 1 Tim
2 Timoteo = 2 Tim
Tito = Tit
Tobías = Tob
Zacarías = Zac

Apéndice 2
Símbolos

Símbolo de los Apóstoles

Creo en Dios, Padre todopoderoso,
Creador del cielo y de la tierra.
Creo en Jesucristo, su único Hijo, nuestro Señor,
que fue concebido
por obra y gracia del Espíritu Santo,
nació de santa María Virgen,
padeció bajo el poder de Poncio Pilato,
fue crucificado, muerto y sepultado,
descendió a los infiernos,
al tercer día resucitó de entre los muertos,
subió a los cielos
y está sentado a la derecha de Dios,
Padre todopoderoso.
Desde allí ha de venir a juzgar a vivos y muertos.
Creo en el Espíritu Santo,
la santa Iglesia católica,
la comunión de los santos,
el perdón de los pecados,
la resurrección de la carne
y la vida eterna.
Amén.

Credo de Nicea-Constantinopla

Creo en un solo Dios,
Padre todopoderoso,
Creador del cielo y de la tierra,
de todo lo visible y lo invisible.
Creo en un solo Señor, Jesucristo,
Hijo único de Dios,
nacido del Padre antes de todos los siglos:
Dios de Dios, Luz de Luz,
Dios verdadero de Dios verdadero,
engendrado, no creado,
de la misma naturaleza del Padre,
por quien todo fue hecho;
que por nosotros, los hombres,
y por nuestra salvación bajó del cielo,
y por obra del Espíritu Santo
se encarnó de María, la Virgen, y se hizo hombre;
y por nuestra causa fue crucificado
en tiempos de Poncio Pilato,
padeció y fue sepultado,
y resucitó al tercer día, según las Escrituras,
y subió al cielo,
y está sentado a la derecha del Padre;
y de nuevo vendrá con gloria
para juzgar a vivos y muertos,
y su reino no tendrá fin.
Creo en el Espíritu Santo, Señor y dador de vida,
que procede del Padre y del Hijo,
que con el Padre y el Hijo
recibe una misma adoración y gloria,
y que habló por los profetas.
Creo en la Iglesia,
que es una, santa, católica y apostólica.
Confieso que hay un solo bautismo
para el perdón de los pecados.
Espero la resurrección de los muertos
y la vida del mundo futuro.
Amén.

Apéndice 3

Oraciones básicas

PADRE NUESTRO, que estás en el cielo, santificado sea tu nombre; venga a nosotros tu reino; hágase tu voluntad en la tierra como en el cielo. Danos hoy nuestro pan de cada día; perdona nuestras ofensas, como también nosotros perdonamos a los que nos ofenden; no nos dejes caer en la tentación, y líbranos del mal.

DIOS TE SALVE, María, llena eres de gracia. El Señor es contigo. Bendita tú eres entre las mujeres, y bendito es el fruto de tu vientre, Jesús.
Santa María, Madre de Dios, ruega por nosotros, pecadores, ahora y en la hora de nuestra muerte. Amén.

GLORIA AL PADRE y al Hijo y al Espíritu Santo.
Como era en el principio, ahora y siempre, por los siglos de los siglos. Amén.

Oraciones de arrepentimiento y esperanza

YO CONFIESO ante Dios todopoderoso y ante ustedes, hermanos, que he pecado mucho de pensamiento, palabra, obra y omisión. Por mi culpa, por mi culpa, por mi gran culpa. Por eso ruego a Santa María, siempre Virgen, a los ángeles, a los santos y a ustedes, hermanos, que intercedan por mí ante Dios, nuestro Señor.

SEÑOR MÍO JESUCRISTO, Dios y Hombre verdadero, me pesa de todo corazón de haber pecado, porque te ofendí a ti, que eres tan bueno, y que tanto me amas y a quien yo quiero amar sobre todas las cosas. Propongo firmemente, con tu gracia, enmendarme y alejarme de las ocasiones de pecar, confesarme y cumplir la penitencia. Confío en que me perdonarás por tu infinita misericordia. Amén.

Oraciones de ofrecimiento y entrega

Sagrado Corazón de Jesús, por medio del Corazón de María, te ofrezco mis obras y sacrificios de este día, en reparación de nuestros pecados, y por las demás intenciones por las que te ofreces en cada Misa. Te las ofrezco especialmente por las intenciones señaladas por el Papa para este mes.

Toma, Señor, y recibe toda mi libertad, mi memoria, mi entendimiento y toda mi voluntad; todo mi haber y mi poseer. Tú me los diste; a ti, Señor, lo torno; todo es tuyo, disponlo todo a tu voluntad. Dame tu amor y tu gracia, que esto me basta.

Súplicas a Jesús redentor

Alma de Cristo, santifícame. Cuerpo de Cristo, sálvame. Sangre de Cristo, embriágame. Agua del costado de Cristo, lávame. Pasión de Cristo, confórtame. Oh buen Jesús, óyeme. Dentro de tus llagas, escóndeme. No permitas que me aparte de ti. Del maligno enemigo, defiéndeme. En la hora de mi muerte, llámame. Y mándame ir a ti, para que con tus santos te alabe. Por los siglos de los siglos. Amén.

Mírame, oh mi amado y buen Jesús, postrado ante tu santísima presencia; te ruego con el mayor fervor, que imprimas en mi corazón vivos sentimientos de fe, esperanza y caridad, dolor de mis pecados y firmísimo propósito de jamás ofenderte. Mientras que yo, con todo el amor y con toda la compasión de que soy capaz, voy considerando tus cinco llagas, comenzando por aquello que dijo de ti, oh Dios mío, el santo profeta David: Han taladrado mis manos y mis pies, y se pueden contar todos mis huesos.

Oración ante la Eucaristía

Señor nuestro Jesucristo, que en este sacramento admirable nos dejaste el memorial de tu pasión, concédenos venerar de tal modo los sagrados misterios de tu Cuerpo y de tu Sangre, que experimentemos constantemente en nosotros el fruto de tu redención. Tú que vives y reinas por los siglos de los siglos. Amén.

Oración al Espíritu Santo

Dios nuestro, que llenaste los corazones de tus fieles con la luz del Espíritu Santo, concédenos que, guiados por el mismo Espíritu, procedamos siempre con rectitud y gocemos de sus consuelos. Por Jesucristo, nuestro Señor.

Oraciones a Nuestra Señora la Virgen María

Dios te salve, Reina, y Madre de misericordia. Vida, dulzura y esperanza nuestra, Dios te salve. A ti clamamos los desterrados hijos de Eva. A ti suspiramos, gimiendo y llorando en este valle de lágrimas. Ea, pues, Señora, abogada nuestra: vuelve a nosotros esos tus ojos misericordiosos; y después de este destierro muéstranos a Jesús, fruto bendito de tu vientre. ¡Oh clemente, oh piadosa, oh dulce siempre Virgen María! Ruega por nosotros, Santa Madre de Dios, para que seamos dignos de alcanzar las promesas de nuestro Señor Jesucristo. Amén.

Bajo tu amparo nos acogemos, santa Madre de Dios; no desprecies las súplicas que te dirigimos en nuestras necesidades; antes bien líbranos de todos los peligros, ¡oh Virgen gloriosa y bendita! Ruega por nosotros, santa Madre de Dios, para que seamos dignos de alcanzar las promesas de nuestro Señor Jesucristo. Amén.

Acuérdate, oh piadosísima Virgen María, que jamás se ha oído decir que ninguno de los que han acudido a tu protección, implorado tu asistencia y reclamado tu socorro, haya sido abandonado de ti. Animado con esta confianza, a ti también acudo, oh Virgen madre de las vírgenes, y aunque gimiendo bajo el peso de mis pecados, me atrevo a presentarme ante tu presencia soberana. No deseches, oh Madre de Dios, mis humildes súplicas;

antes bien, inclina a ellas tus oídos y dígnate atenderlas favorablemente. Amén.

Oración de consagración

¡Oh Señora mía, oh Madre mía!, yo me entrego del todo a ti, y en prueba de mi filial afecto, te consagro en este día mis ojos, mis oídos, mi lengua, mi corazón; en una palabra, todo mi ser. Ya que soy todo tuyo, oh Madre de bondad, guárdame y defiéndeme como cosa y posesión tuya. Amén.

Oración de confianza

Concédenos, Señor, que nosotros tus siervos, gocemos de continua salud de alma y cuerpo, y que por la gloriosa intercesión de la bienaventurada siempre Virgen María, seamos libres de las tristezas de la vida presente y disfrutemos de las alegrías de la vida eterna. Te lo pedimos por Jesucristo nuestro Señor. Amén.

Indice Analítico

(Los números se refieren a las preguntas)

Librerías de Buena Prensa

Matriz:
• Orozco y Berra 180. Sta. María la Ribera.
Tel. 5546 4500. Fax 5535 5589
ventas@buenaprensa.com
www.buenaprensa.com

Sucursales:
• San Cosme No. 5. Col. Sta. Ma. la Ribera
06400 México, D.F.
Tels. 5592-6928 y 5592-6948

• **Librería Miguel Agustín Pro, S.J.**
Orizaba 39 bis. Col. Roma.
06700 México, D.F. Tels. 5207 7407 y 5207 8062

• **Librería Loyola**
Congreso 8. Tlalpan. 14000 México, D.F.
Tels. 5513 6387 y 5513 6388

• **Librería San Ignacio**
Donceles 105-D. Centro. 06020 México, D.F.
Tels. 57 02 18 18 y 57 02 16 48.

• **Librería San Ignacio**
Rayón 720 Sur, entre Padre Mier y Matamoros,
Monterrey, N.L.
Tels. 83 43 11 12 y 83 43 11 21.

• **Librería San Ignacio**
Madero y Pavo, Sector Juárez,
Guadalajara Jal.
Tels. 36 58 11 70 y 36 58 09 36

**OBRA NACIONAL
DE LA BUENA PRENSA**